人生這麼

快樂

會不會

太過分

我的人生就該這麼快樂！

因為我活著，一切都有可能！

黃友玲 ———— 著

感受美麗瞬間

　　無意間看到一段電視劇，劇中一女角向男角抱怨，說她的工作一成不變，日日重複，月月重複，生活中又充滿許多壓力，實在沒有什麼心情發現所謂的「美麗瞬間」。

　　男角聽了，看了看她，隨手撿起了一個塑膠袋，朝天空一拋，接著，那個塑膠袋就由空冉冉飄下，像一朵落在地上的雲，男角看著它，又看看女角，露出詢問式的表情：「怎麼樣？很美吧？」女角瞪了他一眼，轉身而去。

　　很有意思的片段。的確，平凡生活中是否能出現美麗瞬間，端看一個人的心思，能否感應到平凡中的各種美麗，它或許不是客觀的存在，而是主觀的感受。

黃友玲在這本書裡，就以她敏銳善感的心，帶領讀者從尋常生活、真人實事的故事、文學名著等等體裁裡，確實感受到生活裡的幸福、生命中的各種滋味及深刻的體會、隱含的力量和光的存在，是本讀來讓人得享美麗瞬間的一本書。

　　如從為家人做義大利烘蛋體會到自己是用愛把家人包起來的那個人；在新加坡的咖啡店裡享用咖椰吐司和加了醬油、胡椒粉的半熟蛋時，不止充分感受到了舌尖上的滋味，還體會到新加坡特有的氣度；一個下午她在蕭邦的鋼琴協奏曲中品味流瀉音符的幸福感，啜飲著咖啡，讓咖啡留香的當兒，思想蕭邦的一生，獨享「咖啡佐蕭邦」的下午茶；從松鼠藏堅果的動作引出了巴西栗繁殖的祕密，娓娓述說了一個「我，慢，慢，贏」的故事；一個英國男子買了棟位於度假勝地的廢棄公廁，改裝成度假小屋，作為結婚三十週年給妻子的驚喜禮物，由此說明了婚姻基石：夫妻彼此藉著驚喜、創意、行動讓愛情永不褪色；另外，有多篇文章是作者以平易簡單的語言，述說了莎士比亞、托爾斯泰等大文豪的名著，以及一些膾炙人口的電影、劇作故事，由中引導讀者思考……，是一本取材豐富、讀來多樣、有趣的書。

　　作者深諳現代人對文字的接受力，每篇文章都不長，輕輕鬆鬆的就可品讀，每一篇又有反芻的韻味，都可花一段時間思考。在這個網路發達，無暇思考的年代

裡，能在輕鬆氛圍中引發讀者思考的空間，也是本書效用之一吧！

有意思的是每篇文章後面都附有 QR CODE，連結上去就可看到作者現身在不同場景中述說每篇文章，算是延伸閱讀？讓文字從平面成為立體，不止方便大家用耳朵聽、用眼睛看活動的畫面，更可藉此讓一些不便閱讀的家人、朋友，藉著這個設計分享作者的心意，也讓本書有了更豐富的內涵。

你的生活中常常出現美麗瞬間嗎？或許，藉著本書，可以讓你的心思活躍起來，時時感受到美麗，讓你的人生也快樂得有些過分吧！

金明瑋（丁莉）

資深媒體人 佳音電台節目主持人

平凡生活中是否能出現美麗瞬間，
端看一個人的心思，
能否感應到平凡中的各種美麗，
它或許不是客觀的存在，
而是主觀的感受。

清新的心靈綠洲

　　在這個繁忙喧囂的世界，能夠找到一本能帶給我們寧靜思考和心靈慰藉的書，是一種難能可貴的幸福。我感到非常榮幸，可以向您推薦這位溫柔婉約、充滿才華的作家黃友玲最新作品，她的文字猶如冬日裡溫暖的陽光，柔和卻充滿力量，她獨特而深刻的描繪，彷彿帶領我們穿越了時空，經典文學與人生智慧在她的筆下交織，生動而真實，每頁都是多彩多姿的人生畫卷，也能窺見作者真誠的初心。

　　她是米謝・勒繆筆下〈我怎麼睡得著呢？〉思緒萬千無法安眠的小女孩；

　　她是同理默斯・悉尼〈新郎的母親〉「這是沒有辦法的事啊！」充滿期待與不安的待嫁女兒；

　　她是蘇斯博士筆下《你要前往的地方》中「出發吧……就是現在。」勇敢邁步前行的作家；

　　她是以愛和熱呼呼的家常美食義大利烘蛋「Frittata」將家人緊緊擁抱的母親；

她是沉醉於咖啡與蕭邦之間浪漫、寧靜與憂鬱的藝術愛好聆賞者；

　　她是看見攀岩高手夏威夷虎魚和微小苔蘚的敏銳觀察者；

　　她是讓人疼惜如葉慈筆下「也愛妳臉上變幻的憂傷」的才華女子；

　　她是美國詩人佛羅斯特〈未走之路〉筆下，勇敢選擇人煙稀少之路的堅毅牧人。

　　她是作家黃友玲，無論您是文學愛好者，或是渴望尋找生活靈感與智慧的讀者，這本書都像是清新的心靈綠洲，我衷心地推薦。

林姿瑩
長笛演奏家 廣播主持人 教育工作者
國立臺北藝術大學音樂與影像跨域學士學位學程主任

人生這麼快樂，會不會太過分？

　　炎炎酷暑，我們夫妻帶著女兒去旅行，坐上「台灣好行」大公車，前往阿里山，一路蜿蜒，山景如聯幅水墨畫一般圍繞我的夢境，不知道轉過多少彎，我已經暈頭轉向，這時司機先生說：「到了。」

　　下車。完全陌生的場景，只知這是山腰，民宿的招牌遍尋不著，想我們來錯了地方，誰知電話聯絡後，民宿就在我們眼前，這隱藏版的民宿原來在茶行的樓上，從外觀上，完全看不出端倪。

　　茶行老闆的熱情立刻融化了我們的焦慮，他熟稔的手勢如牽引蓮花般，沖泡阿里山特有茶種，我們還未喝到，已經香味四溢。

「房間還在整理呢，就快了。來來來，先喝茶！」

不久，我們已經置身沉香裊裊的小木屋之中，卸下行李，也除去了疲憊，按照老闆推薦，往屋後的茶山去了。

這遠近山巒疊起，如海波如漣漪，綠色圓舞曲似的，在我們眼底跳躍，想望盡，眼光卻失落在天際線懶懶的雲裡，那是阿里山特有的雲彩，出現時那麼澎湃，不一會兒，就不見了。

涼風習習，這是秋天嗎？有一種快感是我們從台北盆地的溽暑逃走了，把那些鬱悶燥熱徹底丟棄，我們的享受可比古代帝王，避暑山莊的奢華就在這親膚的山嵐裡。

次日我們拜訪了遠近馳名的「優遊吧斯」，那是一處鄒族文化部落觀光景點，緩坡的園區裡有茶香有咖啡香，樹木扶疏、花朵爭豔，彷彿來到了天堂般，叫人流連忘返，而其中最令人嚮往的是原住民歌舞秀，一曲曲繚繞山群的歌聲，讓所有的觀眾癡迷，我最喜歡的是一位女歌手戴亞琪演唱其作品〈幸福和弦〉。後來，仔細欣賞其歌詞，描寫戀愛中的喜悅，生動可愛、真情流露，歌詞這樣寫著：

想，睜開雙眼
期待著看見你那個微笑的眼
嘿，靠近點點
能不能再對著我說早安一遍
手心跳動著感覺
好像訴說你的美
每一次我們刻畫的世界
一遍遍地打造畫面

一步兩步三步和你越過多少屋簷
……
心動的瞬間 腦海的畫面 我多想暫停一切

聽完，我驚覺，人生原來可以這麼甜！

這首歌把幸福感描繪得活靈活現，如一股暖流舒活在心頭，歌詞烘托出一種意境，就是我們夢想中的美好人生，我唱著唱著，竟有了一種迷失在阿里山雲彩裡的感覺。

是啊，人生是可以這麼快樂，這麼幸福！不論是愛情、親情、友情都可以如此美好。

仔細聆聽這首歌，歌詞已經暗示了我們擁有美好人生的祕密：

微笑！微笑可以融化所有隔閡！

說個早安吧！彼此常問候，使情感增溫！

安排快樂時光，讓幸福留在記憶裡，用照片與影片記錄笑聲倩影，與親愛的伴侶、家人、親友共享！

我們乾澀貧乏的人生需要上帝賜下甘露膏油，祂的心意就是要我們快快樂樂、開開心心的！

所以人生這麼快樂，會不會太過分？

會！真的很過分！

微笑！微笑可以融化所有隔閡！
說個早安吧！彼此常問候，可使情感增溫！
安排快樂時光，讓幸福留在記憶裡！

content

Part 1
人生舞臺**話家常**

Part 1

人生舞臺
話家常

出發吧！就是現在！

你就要出發，啟程遠航，去看看外面的世界。
你的頭裡有腦，你的鞋裡有腳，
你的方向可以自己尋找。
你獨立自主，又了解自己，
你要決定，自己要去哪裡。

這是蘇斯博士（Dr. Seuss，1904-1991）的作品《你要前往的地方》（*Oh, The Places You'll Go!*）裡面的經典名句！

這本書裡俯拾都是智慧結晶，他用肯定的語氣鼓勵讀者：

那麼，你會成功嗎？會！一定會！
(百分之九十八又四分之三保證你會)
孩子，你連高山都能移動。
你的高山在前方等著你。
出發吧……就是現在。

蘇斯博士按著他母親對他的期待攻讀博士，他後來也真的進入劍橋大學讀博士，還沒畢業，他卻中途離校了。他說，他非常知道這不是他該走的路，於是他又回到了創作的路上，他繪畫，他寫書，並且調皮地以「蘇斯博士」為筆名發表一切作品。

　　後來證明，他百分百是個創意人，他投入兒童文學創作，過程雖然曲折蜿蜒，屢被退稿，但他堅持不懈，終於在第二十八次投稿後，獲得出版第一本書《我在桑樹街看到的一切》（*And to Think That I Saw It on Mulberry Street*）的機會。後來他不斷推出作品，得到全世界的肯定，大人小孩都可以從他的作品裡得到亮光。

　　而這本書《你要前往的地方》於一九九〇年出版，當時立刻攻佔了《紐約時報》暢銷榜首，盛況長達兩年。值得注意的是，這是他生前出版的最後一部作品，寓意深遠，卻淺顯易懂，三十幾年來，行銷全世界，激發了多少有夢想的靈魂。

　　這本書出版後一年，他就過世了。試想，當他創作時，已經來到生命的最後階段，擺脫了老態龍鍾，忘卻了日薄西山，他的心還是那麼年輕，那麼有衝勁，彷彿隨時他就可以出發到他最想去的地方旅行，這種憧憬與豪情，透過他的一支筆留下來了，文字是跳動的，而他特有的插圖，從書裡走了出來。

在他過世後，這本書仍是亞馬遜網路書店的年度十大童書之一，此外，這本書還榮獲普立茲特別貢獻獎。

從「鬼混大王」到成為首位以童書作品獲得「普立茲特別貢獻獎」的作家，蘇斯博士一生的經歷曲折神奇又激勵人心。

蘇斯博士的繪本文字有一種有特殊的魅力與風格，其筆下的人物、動物都令人印象深刻，可以說，他是以藝術風格誇勝的。

直到今天，從他作品改編而成的動畫與電影，獲得了三座奧斯卡獎、三座葛萊美獎，這樣豐碩的成就可能是他自己也始料未及的，至於他那期待兒子讀博士的母親，應該會悔不當初。蘇斯博士告訴我們：

> 過去已經成為歷史，未來也不在我們手裡，
> 但今天是屬於我們的！
> 我可以決定今天的我怎麼過，
> 現在，就是這一秒，我活著，
> 而我活著，一切都有可能！
>
> 大步向前，信心滿滿，直奔目標！
>
> 沒有甚麼可怕的！就是這樣！

大山與松鼠的爭吵

有一天，大山和松鼠吵了起來。

巍峨聳立的大山說起話來，他的口氣是那麼低沉威武，他叫那渺小好動的松鼠「小東西」！因為這「小東西」跟他比起來，簡直是塵埃啊！

大山嘲笑小東西沒用，生在這個世界上，除了吃，還會做甚麼？

小松鼠可不甘示弱，牠挺起胸膛，氣宇不凡地說出了一番道理：

「對啦！我是沒你那麼大，但是天地萬物都有它的位子，這才能造就這奇妙的世界！我雖然小，可也沒人能代替我的位子！」

「我是沒你那麼大，但你也沒我這麼小。好啦！我承認你的確讓我可以在你身上跑來跑去，我好快樂！」

「上帝創造萬物，天賦異稟，才氣不同。」

「我雖然沒辦法像你背負一座森林在身上，但是，你也沒辦法敲開一顆堅果呀！」（If I cannot carry forests on my back, Neither can you crack a nut.）

這是美國詩人愛默生（Ralph Waldo Emerson，1803-1882）非常著名的一首詩〈寓言〉（*Fable*）之中的句子。作者運用巧妙的情節、幽默的口吻、強烈的對比，讓我們看見大山與松鼠之間驚人的差距。

大山誠然是地表上令人仰而生畏的龐然大物，然而，迷你的松鼠也有牠不能被替代的位子。宇宙萬物都各有所在，有大有小，林林總總，種類繁多，共同成就了造物主奇妙的計畫。

大山背負著蓊鬱的森林，聳立在地表上，扮演著碩大無比的角色；但是細小如松鼠卻有辦法捧著一顆小堅果，用牠尖利的牙齒撬開堅硬的果殼，津津有味地享受美味的堅果。

誰是最有用的？恐怕這個問題是不存在的，也是不需要回答的，因為根本不需要比較！李白的詩句「天生我材必有用！」說得真好！

至於人呢，也是同樣的道理，我們每一個人都有不同的才情與氣質。我會的，你不見得會；我有的，他也不一定有！

我們不需要爭競，也不需要嫉妒，我們每個人就是這麼地「不同」，這使得我們每一個人俯仰天地之間，顯得獨一無二，都不需要自卑，也不需要高傲，我就是這麼特別。至於社會給我們的標準與制度，強加在我們身上的框框，我們怎麼看？

從永恆來看，世事變遷，今天的規定，明天的雲煙。從地域來看，不同國家也都有不同的文化背景、潛規則，並非放諸四海皆準，所以也不必在意。

況且，規則是人訂的，不是上帝給的，聰明的人不需要向它低頭，更無須看輕自己，我們永遠可以抬頭挺胸，確信自己擁有無可取代的位子。在天地之間，我站在一個無可比擬的舞臺上，我有絕對的優勢，我擁有別人沒有的特質。

這是確定的！

懶人花

眼前迎來一群美女之後，晃來了一群大腹便便的女人，我從驚喜到驚嚇，驚嚇到驚悚！

「天啊，這……這是怎麼回事？」

好朋友知道我喜歡玫瑰，特地從產地挑選各式各樣品種玫瑰送來給我，我想起臺北士林官邸的玫瑰園，那晨曦夕照、花影搖曳，玫瑰園裡萬紫千紅、爭奇鬥豔的美景立刻出現在我心裡。我想著，我以後在家裡，就可以享受士林官邸的玫瑰園景觀，這是何等奢侈的享受啊！

好朋友非常貼心，送了玫瑰之後，有一天，又特地送來也被稱為「玫瑰」的「沙漠玫瑰」，我心裡還想著

第一批玫瑰之美，誰知這第二批，稱之為「胖玫瑰」，也無不可，她們就是「沙漠玫瑰」！

說起這群肥胖的女人，我想起以前我住在新店直潭時，對沙漠玫瑰就沒有好感。

每逢經過人家庭院，見到沙漠玫瑰，我就覺得那大大的肚子礙眼得很，明明有個西班牙式的野性美名，身材卻絕非婀娜多姿之態。

再說，都叫「玫瑰」，此株卻毫無玫瑰之嬌媚雅致。所以，我甚至是以一種類似鄙夷的眼光看著她。

但是，這次親身擁有沙漠玫瑰的經驗，卻完完全全顛覆我的想像。

朋友送我的數十株各式品種嬌美的玫瑰，我仔細放在露臺上向陽的位置，細心澆灌，起初還真有「微官邸」之盛況。但到了酷暑，花朵被烈陽炙燒，葉枯花垂，我加碼照顧，仍不敵高溫對嬌嫩玫瑰之摧殘，每一株都懨懨然。

反觀那沙漠玫瑰，我放在書桌旁另一個陽臺上，開門不便，疏於澆水，兩三個月之間，我在忙碌讀書寫作

之餘，完全忘記照顧她們，她們竟花開連連、朵朵豔麗，我嚇壞了，AI時代來臨，難道連花朵都自動化了嗎？

這太適合我了，適合現代人忙碌的生活作息。你完全不必為之費心，而她們卻屢屢向你獻殷勤拋媚眼，療癒我心、振奮我靈，這究竟是一種怎樣的植物，難道連水也不用嗎？

我研究起來，我要了解沙漠玫瑰的構造，這種植物太神奇了，而更奇怪的是，每當我凝視著她們，我竟然能感受得到那些花兒的滿心體恤，我彷彿聽到她們輕柔的聲音對我說：

「妳太忙了，讓我們抹去妳的煩憂！」

我想著，科技再偉大，也無法創造生命吧？而這幾株沙漠玫瑰可是活生生的植物！這些花兒不但為我省事省心，還綻放著燦爛的笑容，撫慰我的心靈，滋潤我的生命，這種超越科技發明、凌駕實用價值的奇妙植物，成了我這懶人最佳良伴，我稱之為「懶人花」。

「懶人花」，我愛她！

用「愛」把全家包起來

還記得，三年前，端午節連假中，我為全家人做了「義大利烘蛋」，又名「Frittata」！

這項料理，我前所未聞，竟是從喜劇電影《麻辣女強人》（*Morning Glory*）中得知，劇情之中有一位大牌主播，這個單身男子，每個早晨一定為自己做一個「Frittata」，他說那是他一天的力量來源。

我知道之後，非常好奇，上網一查，果然，這項料理非常有名，擁有世界級的知名度，但卻是一項簡單好做又營養美味的食物。我真有「相見恨晚」之感。

根據資料顯示，「Frittata」是以前歐洲的媽媽們為了清理冰箱，頭痛之餘，想出來的妙招。例如剩下來不多不少的蔬菜肉類等，放在冰箱裡，丟了可惜，又不

知如何運用，這時，聰明的媽媽們就想到把這些食材綜合使用，稱之為「Frittata」！

做法是：用蛋液將之包裹，倒入鮮奶，撒上起司絲，又是一道新鮮好菜！

話說暑熱來臨的這一天，全家人都在，平日辛苦忙碌的爸爸，以及三個面對大學學測壓力的孩子這天終於睡飽了，起床後百無聊賴，我高聲宣稱：今天我要做一種非常特別的烘蛋。大家聽了，都開心極了，以興奮的眼神等待媽媽的新作品。

自然，我必須動作快，以免食客們等得不耐煩。

把所有的食材預備妥當之後，我用一個有深度的大碗，把蛋液與所有蔬菜、碎肉、起司攪在一起，撒些鹽、白胡椒，倒入平底鍋，上面再加上拉絲起司。

開火，不一會兒，烘蛋成形，金黃色澤如秋天的蘆葦，又像是晚霞在天際，因起司豐富之故，整個烘蛋高高膨起，令人垂涎三尺。

先生和三個孩子都湊過來，眼睛發亮，食指大動，甚至唱起歌來了，他們那歡呼雀躍的模樣，一時之間，我覺得所有的辛苦都甘之如飴。

我像是一個打了勝仗的將軍，把「Frittata」端上桌，全家人吃得津津有味。就在見底的一剎那，我忽然明白了我的角色，就是用「愛」把全家人包在一起，正像「Frittata」一樣。

　　從這個料理，我想到在一個家庭裡，作為母親的角色，我的目標就是讓全家人更加彼此相愛，更加體貼包容。誠然，每個人個性不同、想法不同、習慣不同，情緒也可能高高低低，時而緊張的氣氛、偶然發生的誤會，都在所難免，然而一個充滿愛的家庭卻可以用愛來接納每一個人，以愛為基底，把所有不同的元素包進去，任何問題都可以迎刃而解。

　　「Frittata」只是一道料理，但是在現實忙碌的生活當中，讓全家人享受在美食之中，不但拉近了彼此的距離，更體嚐了幸福的滋味。美妙的「Frittata」！

亞瑟王傳奇

住在山的那一邊，面對汪洋大海。這裡是花蓮。

夏令營還沒開始，我們在路邊就跟他賽跑，重點是，我們開車，他徒步，直往前衝。他，一個小個子，一雙拖鞋，像風一般，倏地不見了。

他叫亞瑟，五歲，瘦臉尖下巴，標準原住民的五官鮮明。好動、活潑、善於攀爬，教會旁的籃球場周圍鐵絲網，他上上下下，毫不費力。雙手雙腳如鷹爪般有力，扣住網子，爬到最高點，再往下爬，一切都如履平地。

他最愛踢足球，跟他的鄰居們，全場飛躍，那一顆小小足球竟像是顆小石子般輕盈，看得觀眾眼花撩亂。

夏令營開始，他從開始的觀望到投入，非常迅速，因為他發現這夏令營很好玩，這群來自臺北的大哥哥大姐姐們人很好。

　　但是他的野性使他停不下來，下大雨了，他到雨裡去找刺激，仰臉淋雨、在水潭裡游泳、丟石塊看水花……，他的把戲還真不少。

　　學跳舞，他最在行。學唱歌，他最愛。小村的每一條路都屬於他，他想跑，就發了瘋似地奔跑。天，是他的，海，是他的。還不需要上學的他，擁有整個世界。

　　夏令營的午餐與午休都在教會裡進行，他捧一個大便當，吃得開心，但是到了午休時間，這簡直是要他的命了。

　　大會說要睡覺，全部躺下。這，在他是絕無可能！他是一顆原子彈、炸彈、氫彈，隨時要往前衝，要他躺下睡覺，不可能！

　　於是，他像一隻蟲，像水母，又像一隻猴子，蠕動飄移，爬來爬去。自己不睡，還叫大家也不能睡，好心的大哥哥大姐姐們，個個是沒辦法，只能任由他作亂。

這時，悄悄地，有一個又聰明又可愛的大姐姐緩緩挪移靠近他，先對他微笑，又微笑，要把他整個人融化似地，輕聲說：

「亞瑟，你是個國王，來來來，我就是你的寶座，坐到我身上來！」說著，就把瘦小的猴子給抱上來。

「亞瑟王，你的國家叫做『安靜國』，你最會做的事情就是叫大家安靜，來試試看！」

說也奇怪，這亞瑟，忽然間就變了一個樣兒，他抬起頭來，挺起胸來，就像是一個國王那麼威武。

「大家安靜，通通給我安靜！聽到了沒？」

擒賊擒王，這作亂的頭子既然降伏了，那麼，當然，下面的嘍囉們也就不吭聲了！

而亞瑟，就這麼登基作王了，從此，大家都尊稱他為「亞瑟王」！

三天的夏令營如飛而逝，哥哥姐姐與這些孩子們非常要好，臨別時依依不捨，相約寒假再見。

而當我們都回到臺北之後，拜手機所賜，我們都還能彼此視訊，如同見面一般。而亞瑟，這個當時一度令大家頭疼的孩子，竟給我們留下了最深刻的印象。

　　亞瑟王，住在好遠好遠的地方，那裡有望不盡的海洋，正如我們對他也有訴說不完的思念。

　　這個山裡的孩子，唯願他永遠保有童稚的天真，在那條小路上，迎著風，不斷向前奔跑！

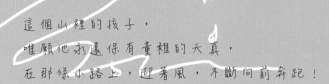

這個山裡的孩子，
唯願他永遠保有童稚的天真，
在那條小路上，迎著風，不斷向前奔跑！

遺忘冬天的國度

　　我看著那跛腳的老闆吃力地為我預備咖椰吐司、煉奶咖啡，還有半熟蛋。

　　這裡是繁華的新加坡市中心烏節路，黃昏時分，我坐在夜市的雅座區，迎面而來的是南洋濕濕暖暖的空氣，車聲人聲此起彼落，告訴我新加坡前途無量。

　　的確，新加坡的國際地位逐日高升，人口密度也是數一數二，它火箭式地搏扶搖而直上，實在是因為各方面條件的優渥豐沛。

　　「你要不要加點醬油、胡椒粉？」老闆問我。

　　這是我第一次知道半熟蛋的吃法，鹹鹹香香的風味順著滑溜的蛋液充滿口腔，啜著咖啡，咬一口咖椰吐司，酥酥脆脆的口感，真是人間美味。

這咖椰吐司，據悉已經將近百年。一九三三年，黎亞坤，一個來自海南島的移民帶著新婚妻子來到新加坡，白手起家。夫妻兩人經營一家小店，有一天，太太突發奇想，對丈夫說：「把吐司對切，抹上我自製的椰醬試試看。」

沒想到，這創意點心一炮而紅，大家都愛吃。百年來，連鎖店不斷出現，號稱新加坡美食代表，人們聚集在咖啡店，必點的點心就是咖椰吐司。

而由於新加坡的位置，與馬來西亞關係密切，因此，到處可見所謂的咖啡店，古典的桌椅、南洋的格調，大街小巷，人們喜歡聚集在這裡，老人、小孩、年輕人，高談闊論，或娓娓道來，總是一派悠悠然。

想這種咖啡店聚集的是來自各地的人們，移民的鄉愁盡在一杯咖啡裡，而咖椰吐司則是甜膩在心頭，知道努力就有希望，明天一定會更好。

「KOPITIAM」是馬來語，也是閩南話，在此地，英語、華語、馬來文、印尼話、印度話……，閉起眼睛，仔細聽，你會聽到各種語言，混雜在一起，成為一種專屬南洋風格的氛圍，在此地的每個人帶來了自己的母語，也帶來了自己家鄉的習慣、思維、文化、儀式，於

是，新加坡成了高度種族融合之處，這樣的多元就像是百花齊放，都顯出豔麗的姿態，使得這蕞爾小國竟有了一種泱泱大國的氣度。

為了探親，我們來到新加坡。我們的親人傾其所有，用愛心極致款待我們，就是要我們享受獅城的美景與美食，我們永遠不會忘記這樣的一份情誼。

在新加坡，我觸目可見的都是這個國家奮力向上的軌跡，摩天大樓櫛比鱗次，海灣藝術中心以溫室展現種植無限之可能，每一位觀賞者一踏入，就彷如置身於花卉之迷幻國度，地毯式地綿延展開，或垂直如山巒起伏，要你墜入一個精彩絕倫的國度，你只能瞠目結舌，因為你發現你竟然在人間窺見了天堂。

新加坡，這個遺忘冬天的國度，我每次造訪，都在它處處綠意的氛圍中走失，只因為它把夏天的歡愉與美好一股腦兒都送進我懷裡，我只能驚呼，只能讚嘆，這是上帝創造奇妙的展演廳，我可以在某一棵巨大的樹叢下，住上一輩子。

我只能驚呼，只能讚嘆，
這是上帝創造奇妙的展演廳，
我可以在某一棵巨大的樹叢下，住上一輩子。

假如你有一個敵人

　　假如你有一個敵人，你會枕戈待旦、晝夜不眠，戰爭的火藥味使你不得不儆醒。

　　婚姻也是這樣，假如妳的婚姻裡有一個假想敵。

　　看過一部日本電影，一位少女愛上有婦之夫，有婦之夫雖然也喜歡她，但是這男人說，他看老婆孩子比她更重要。

　　為了躲避她，有婦之夫特地搬了家。

　　新家一切才就緒，那一天，美麗的少女也趕了去，她實在是為他癲狂，她不在乎他是否有妻子，她就是要得到他。

　　有婦之夫見到她，臉色一沉，他沒想到就是搬家，也甩不掉這個少女，他實在不知所措，支支吾吾地介紹

了眼前這位小姐，給太太認識。才搬家，誰會第一個上門，這任誰都會起疑心。

然而有婦之夫的太太見了她，竟然單純而歡喜地接待她，她不疑有他，對她熱心又誠懇，還聊起天來。夫妻倆的小女兒也禮貌地叫「阿姨阿姨」的。

一陣寒暄之後，少女表示要離去了，不明就裡的太太還邀請她常來玩，一副就是把她當好姐妹模樣。

少女走了。有婦之夫以倒垃圾為藉口，火速追了出去。

二樓的窗口，太太恰巧看見這一幕。

有婦之夫好不容易追上了。少女仍是那癡情的模樣，兩隻眼睛定定地看著他。

他請她以後再也不要來找他了，因為他有一個幸福的家庭，他表明他很愛他的老婆和孩子，他不要婚外情，他急切表達的模樣，二樓的太太都看見了。丈夫不時搔頭，有時又臉紅，那少女則顯出崇拜愛戀的模樣，臉上掛著笑容，雙眼是放光的，她的雙手控制不住地，一直想擁抱那男人，她那完全融化的樣子，充分表現了她的愛意。

太太全部都看見了。

雖然她不知道他們究竟在說些什麼，但她知道這個少女就是她的情敵，一點也不錯。接下來，就是要看她丈夫的態度了。她等著，她仔細聽著腳步聲。

丈夫回來了，一進門，立刻上樓找到太太，他那雙臂一繞，把太太抱過來，輕聲告訴她：「我親愛的，我愛的是妳，妳不用擔心，我已經把她打發走了，她再也不會來了，我就是妳的，妳也屬於我！我愛妳！」

太太已經淚流滿面，她沒有料到原來在她不知情的時候，這外遇的危機已經發生了，丈夫被別的女人盯上，那個女人甚至主動地追求他，而她自己完全被蒙在鼓裡，她還在過她的好日子。

然而從那一刻起，她不再安逸度日了，她開始謹謹慎慎地對待她的丈夫了。

我想這個太太學聰明了，在男人外遇成風的現代，她已經學習到婚姻是需要提高警覺的，因為敵人會出其不意地出現在妳身邊。

咖啡佐蕭邦

　　這是我今天點的下午茶：咖啡佐蕭邦（Frédéric Chopin，1810-1849）。

　　拿鐵的咖啡香氣加上鮮奶的濃醇，蕭邦的音符、詩人的旋律為佐，眼前是滿園的繽紛花朵，陽光正好，燦爛的光芒撒下，落在葉葉心心之上，形成一種斑斕璀璨的圖案，鋼琴詩人的旋律彷如一襲輕紗，神祕地籠上眼前的花園，遂讓我的心靈甦醒了過來。

　　蕭邦的 E 小調第一號鋼琴協奏曲。

　　一串幸福的音符流瀉了出來。

　　音樂家臨別自己的家鄉波蘭，在百般不捨之中，他創作了這首曲子，那時他才二十二歲哪！帶著對國家的熱愛以及對愛人的傾慕，他彈奏著，終其一生，他不曾

再回到波蘭這片土地，而他神奇而充滿才氣的一生提早畫上句點，他留下了無數優美的曲調，直至今日，我們聽來仍然激動不已。

蕭邦自己形容這首曲子說：

「這是浪漫、寧靜、稍微憂鬱的音樂，似乎在心裡細嚼著許多幸福的回憶，或是凝視著某一點的感覺，也許可以說是在春天的夜晚，沐浴在月光下的沉思⋯⋯。」

那時的蕭邦愛上了一個女孩，名叫康絲丹奇亞，他說的「凝視著某一點的感覺」，可能就指凝視著心上人的那一份癡情。

可以說，這首曲子是一種複雜情緒的產品，愛國卻不能留在家鄉，愛上了一個特別的女孩，又不能明明地向她表達，只能把心中一股腦兒的愛戀都化為一個個跳躍的音符。

據說，蕭邦一直拖延啟程的日期，他不願意離開熟悉的故土，也割捨不下對康絲丹奇亞的情感，這使他的心紛擾不安，可以想見他當時的矛盾。

無論如何，該來的，終於還是來了，他必須離開了，那年秋天，十月，他就以這首剛寫好的 E 小調協奏曲作

為主軸，舉行了一場告別演奏會，當天康絲丹奇亞也參加了，這使得蕭邦非常高興，他寫著：

「她穿著一襲純白的禮服，這樣的打扮正合適她特有的氣質。」

蕭邦走過短暫的人生旅程，離開世界時，才三十九歲。他的生命雖然短暫，卻留下了許多精緻精采之作。那些作品如今在全世界各個角落依然演奏著，不同的人們，不同的手指，琴鍵的流動還是那麼炫人眼目，有時候，快得令人窒息，有時候，慢得令人心碎。

我啜著咖啡，讓咖啡的香氣停留在齒間，回想那被稱為「鋼琴詩人」的蕭邦，他走過的一生，驚嘆混雜著嘆息，想他指尖曾經觸碰過的那些黑黑白白的琴鍵，他創作的那些曲調今天依然輕觸人們的心房，是人間最優美動人的詩篇。

這是我今天點的下午茶：咖啡佐蕭邦。

他走過的一生，驚嘆混雜著嘆息，
想他指尖曾經觸碰過的那些黑黑白白的琴鍵，
他創作的那些曲調今天依然輕觸人們的心房，
是人間最優美動人的詩篇。

我，慢，慢，贏！

陽光好極了！

松鼠爸爸出門找食物了，而巴西堅果是孩子們的最愛，爸爸當然直接衝往巴西栗大樹下方，「真是太好了，這果實比我的個頭還要巨大，這，這實在是太棒了！我們全家可以飽餐一頓了！」

於是，這個辛苦又負責的爸爸就吃力地滾著這顆大果實往牠的樹洞去了。

可想而知，全家歡呼，松鼠爸爸的利齒「叩叩叩」就把堅硬的巴西堅果敲開了，裡面滿滿的果仁，孩子們都在流口水！

全家人吃飽了，可還留下一兩顆果仁，媽媽說：「留起來慢慢吃。」

　　爸爸立刻行動，跑出樹洞，特地找了一個好地方，挖了一個坑，就把堅果埋了進去，這一夜，全家人挺胸凸肚，滿足快樂，呼呼大睡！

　　松鼠的日子就是這麼愜意！

　　然而，松鼠的記性可不大好，第二天，牠想著，牠把剩下的果仁埋在哪裡，怎麼想都想不起來，森林這麼大，松鼠路線重重疊疊，牠在十字路口來來回回，怎麼也找不著……，牠搔搔腦袋，還是想不起來。

　　而這就是上帝的絕佳計策！

　　這是巴西栗繁殖的祕密，透過松鼠，將果實帶離本樹至遙遠處，又被埋進土裡，經過十五個月，這果實就發芽了，這株幼苗就是巴西栗，它長得很慢很慢很慢，大約需要十五年才能長成，然而，它卻可以長到五十五公尺那麼高，傲視雨林眾樹，成了亞馬遜森林的巨人樹，而且，它可是著名的高壽植物，其壽命可達五百歲至一千歲。

這就是著名的巴西堅果樹，或稱為巴西栗，種子發芽需要十五個月，成長需要十五年，這樹的成長極其緩慢，完全談不上效率，若要以現代人凡事「快、狠、準」的標準來看，這做法實在是背道而馳，它慢極了，心急的人若種植它，可能會等得發昏！

　　從幼苗到小樹，到慢慢伸向天空，十五年，想想十五年的人事更迭，十五年的科技更新，十五年從幼童到成人，如此漫長的日子，巴西栗可是優哉游哉，慢慢成長。它沉得住氣，它不疾不徐，它不趕進度，不較勁、不跟風，它似乎有一種超然的信心，緩慢不是羸弱，慢工出細活。

　　事實上，緩慢成就了至高的價值，當它長成時，可以傲視群雄，不但如此，巴西堅果營養價值高，屬於高經濟植物，全世界的人都愛吃巴西堅果，巴西堅果還被美譽為「堅果之王」呢！

　　它慢，但是至終，它贏了，它在群樹之巔，它高聳入雲，時間帶來的果實是豐碩的，而等候是完全值得的！

　　如果巴西栗會說話，它會說：「我，慢，慢，贏！」

公廁變成度假屋

　　那是刊載在英國《每日郵報》（*Daily Mail*）上的報導，五十三歲的英國男子尼克・威廉（Nick William），花了臺幣將近五百萬元，買下英國諾福克郡（Norfolk）東部一個獨特的海岸公共廁所，作為結婚三十週年的禮物贈送給妻子。報導說，這座「維多利亞」風格的公廁，位在一處度假勝地，自二〇〇六年以來一直處於停用狀態，去年當地郡自治會決定將公廁拍賣。

　　尼克看到這個公廁的價值，決定把它買下來，他認為就是花點錢整修它，把它打造成度假小屋也絕對是值得的。

　　尼克本身從事建築業，他看準了這個公廁有其地點優勢，以他的專業重新整理裝潢，並不算是一件難事。

於是他花了十萬英鎊，約十六萬美元，換算臺幣將近五百萬元，買下了這個廁所。該廁所原況破舊不堪，他默默地用了三年的時間，花了八萬五千鎊，約十四萬美元，臺幣三百二十萬元，把廁所整修成一棟度假小屋。

大功告成之後，他慎重地將這個禮物送給妻子，作為他們結婚三十週年的紀念禮物。

他說：「我們夫妻倆很喜歡這裡，經常到這一帶海邊度假，我買下這座小廁所，加以整修以後，我們就有了屬於自己的度假小屋了。」

他們夫妻倆已經有三個孩子，孩子們都大了，然而，他仍然期待夫妻二人能繼續享受幸福美滿的婚姻生活，於是想在三十週年這天給妻子一個超大驚喜。

那個難忘的日子終於到了，他神祕兮兮地帶著他的妻子來到海邊，在他的導引之下，他帶領妻子進入小屋，妻子驚喜得說不出話來，眼前這一切……！那簡直是天大的禮物，一棟觀海的度假小屋啊！

小屋裡有浴室，有廚房，有兩個房間、一個客廳，室內的裝潢布置浪漫溫馨，窗外是無敵海景，海水的澎

湃聲、海鷗的鳴叫聲不絕於耳，這樣的度假小屋，就是觀光休閒最頂級的享受也不過如此。

這妻子受寵若驚，不斷尖叫，太驚喜了！太開心了！兩夫妻沉浸在快樂幸福的氛圍裡，淚水、歡笑、擁抱、感謝，訴說不盡！

這丈夫的瘋狂與創意令人絕倒，而妻子收到這樣的結婚紀念禮物，深信也必然使她一生難忘。

在婚姻的旅程中，我們有許多值得紀念的日子，在這些日子裡，我們不妨創意構思，為對方預備一份特別的禮物，不必花大錢，也不需要像這位英國丈夫的大動作。

事實上，誠意與愛意是最重要的，如何讓對方驚喜快活？想個點子，小小的瘋狂？總之，把那個日子刷新、刷亮！

婚姻的基石不就是在這些事上建立起來的嗎？驚喜、創意、行動，丈夫與妻子，妻子與丈夫，讓愛情永不褪色，婚姻幸福美好。

一把借來的琴弦

　　英國詩人謝默斯・希尼（Seamus Heaney，1939-2013）寫過這樣一首詩，題目是〈新郎的母親〉（*Mother of the Groom*）：

　　她只記得，他在浴盆中，發亮的背，他的小靴兒，在她腳下的一環靴子中。

　　雙手擺在空膝上，她聽見歡迎媳婦聲。恰似他被抱起時猛踢，而溜出她皂滑的掌握。

　　這首詩描寫一位母親在兒子結婚當天的回憶片段。

　　母親想起兒子的童年，她還記得，他在浴缸裡閃閃發光的小背。當兒子開始走路時，他的小靴子出現在她腳邊的環靴中。

母親那雙曾經握著小男孩的手，如今卻只放在自己空蕩蕩的大腿上。

　　兒子要結婚了，一片婚慶歡喜聲音淹沒了一切，而兒子小時候洗澡時調皮地踢腿，竟成了一個完美而又幽默的意象。

　　讀完這首詩，令人莞爾。這是天下父母共同的感受，好像孩子才出生，轉眼間，他（她）已經長大成人，論及婚嫁，接著就是婚禮中那令人心碎的「敬謝父母養育之恩」。

　　親情固然是親密的，卻非天長地久。好像孩子只是讓我們代管十餘年，然後，他就要飛向他自己的天空。

　　我的成長過程中母親不在，全是父親一手帶大，所以我和父親感情極為深厚。

　　那年預備要和先生結婚的時候，我就像是沒有明天似的，拼了命要爭取與父親相處的機會，我陪父親去中國大陸走了一趟，那是父親朝思暮想的家鄉──四川。後來我去進修，也是一邊讀書，一邊注意安排每週與父親共餐的時間。

學校放假時，我咬了牙，天沒亮就起床，為的只是和父親一起去散步，逛早晨的市場。

直到結婚前幾天，我還努力找時間陪父親逛街。結婚前一日，我和父親一道吃早餐，荷包蛋在嘴裡，卻不知其味。

我知道，從明天開始，我將要過一種完全不一樣的生活了。

結婚當天，先生到家裡來迎娶，我挽著他，走到父親面前，才一鞠躬，我的淚水就滑下來了。父親坐著，也摀著臉抽噎起來，我轉頭，不忍再看。

二十幾年父女朝夕相處的歲月，就要在此劃下句號。我要到另外一個家去，而我的老父親要開始適應沒有大女兒在身邊的生活。

整個迎娶過程就是說不出的痛楚，我不敢看父親，急急離去。

「這是沒有辦法的事啊！」我告訴自己。

歷史永遠是這樣寫，社會不曾改變，女兒總有一天要離開她所愛的家人，父母怎麼留也留不住。

事情就是這樣。「天下無不散的筵席」，親如父母子女亦然。

　　其實，親子一場，只不過是一把借來的琴弦，總有一日要歸還。

　　我暗暗定了年數，好叫自己早做心理準備。身為三個孩子的母親，我只是暫代上帝管理，為要豐富他們的羽翼，有朝一日，我的孩子們要飛往自己的方向。

阿里山的雲霧

那是一部電影，時代背景是中世紀的歐洲，當時的人最崇拜騎士，一個男孩若沒有騎士氣概，便會被人輕看。

有一個家庭，有爸爸媽媽和兩個兒子。在一次戰役中，爸爸媽媽不慎被擄，弟弟巴望哥哥能表現騎士的精神，把爸爸媽媽救出來，但這個哥哥從小就秉性良善，他不擅於刀劍殺鬥的事，他根本不想當騎士。

弟弟失望極了，乾脆自己奮鬥，誰知對方狡滑，他也陷入了危機。在最危急的時候，哥哥出現了，他勇敢地騎駿馬、穿盔甲、手持長劍，竟然一舉殲滅了敵人，救出了父母和弟弟，大家都又驚又喜。

塵埃落定之後，有一天，弟弟和哥哥聊天，哥哥長嘆了一口氣，說：

「我真羨慕你！你是老二，你想當什麼就可以當什麼！我不行，大家都希望自己的長子是騎士，我又不想讓爸媽失望……！」

「誰說的？」有一個沈穩的聲音從客廳那邊傳來。

「我們的確這樣想過，但我們現在想通了，從今以後，你可以做你喜歡做的事！」爸爸說完，有些赧顏，清了清喉嚨，轉了個話題。

「是誰用了廚房的草莓？那是非常好的草莓，做蛋糕一定很好吃！」說完，三父子相視而笑。

原來，這個大哥最喜歡做的事就是待在廚房裡，做一個又一個好吃的點心給大家吃。

他不喜歡當騎士，他想當廚師。

去年端午節，我與先生帶著女兒上了阿里山，陌生的民宿，就在繞來繞去的山路旁等著我們。那是一個賣茶葉的店面，並不特別，我們卸下行李，老闆熱情地請我們坐下喝茶，一邊交代樓上趕快準備，原來民宿的房間就在樓上。

老闆以熟稔的手勢泡茶，一杯杯送到我們面前，天南地北地聊了起來，提及雙方的兒女，知道我們的女兒

今年大二，敏感的話題浮上檯面：「那間學校啊？」這似乎是所有家長的死棋。

我們當然光榮地介紹女兒的學校，誰知老闆臉頰紅了，娓娓道出自己才高中畢業，只是熱愛炒茶，就乾脆直接以此為終生職業，不再升學了。

我抬頭卻見他整個茶行掛滿了冠軍匾額，原來他是阿里山第一名，他炒茶是經過嚴苛驗證比賽，脫穎而出，這家茶行看似普通，卻是這山裡最閃亮的一顆星星。

「我從小就喜歡炒茶，這變成我最大的樂趣，所以，我也不在乎自己有沒有大學學歷了。」老闆說。

我終於明白原來人的一生，因為只有一次機會，就做自己最喜歡、最擅長的吧！因為我們並不需要為別人而活，世上的標準階級就讓它像阿里山的雲霧飄去吧，那不是最重要的！

幸福的豪宅人生

「你看看，這眼前的夜景是不是很美，就像是有一萬顆鑽石那麼漂亮？」

「等我帶你回到我的豪宅，你就更清楚我究竟有多幸福了！」

這說話的是一隻肥老鼠，牠長得方頭大耳、福福泰泰，牠穿的是名牌，吃得有品味，睡的是彈簧床。

牠早就跟牠的鄉下老弟講過了，這會兒老弟親眼見識牠老哥的奢華人生，羨慕得口水都要流出來了。

事情經過是這樣的，話說，前幾天，鼠老大到鄉下去探望許久不見的老弟，那兒到處是鳥語花香、田間小路，兩兄弟邊走邊哼著小曲兒，好不愜意！

老弟當然是盡情招待，但也只是些蕃薯玉米之類，不出兩天，鼠老大就食不下嚥了，牠說：

「老弟啊，我看你住在這裡，是很清幽，但你過得就像是隻螞蟻一樣卑微。這樣吧！我帶你到我城裡的豪宅住兩天，你就知道甚麼是人生了，我過得可是幸福極了！」

鼠老弟一聽，充滿好奇，帶個小包就跟大哥走了。

鼠老大一路帶著小弟進了城，只見那城裡處處高樓林立、人潮洶湧，滿街都是店鋪，各式各樣的美食好料都亮晶晶地在櫥窗裡向牠們招手。

但是牠們倆必須縮頭縮腦、小心翼翼地靠著牆角前進，以免被人發現。

後來牠們進入一間大屋子，又轉進一個小洞，鼠老大說：

「到了！看！我住在這裡，天天都可以吃山珍海味，我出去，隨便一間餐廳就夠我享受的！再說，我的主人也天天會帶食物回來，我愛吃甚麼就吃甚麼。」說完，滿意地拍拍自己的大肚子，一副志得意滿的模樣。

這樣的好日子沒過幾天，誰知，主人忽然間帶了一隻大貓回來，鼠老大嚇得全身發抖，從此牠就不得不有

顧忌了，牠出去偷東西，必須閃閃躲躲，擔心被大貓抓住，害怕自己被大貓吃掉，這鼠老弟看在眼裡，心裡就有數了。

第二天，鼠老弟提出要回鄉下去，鼠老大疑惑地問：

「你住在這兒，不是吃得好、住得好嗎？為什麼要回去？」

鼠老弟說：「住在這個豪宅，真的比我在鄉下的家好一百倍，但是，我看你呀，成天擔心受怕，總要防備被人類抓住、被大貓吃掉，這日子連自己的生命都保不住，我不想過這種生活。我寧願吃得簡單，過得愉快，所以，我想回家了。」

鼠老大聽了，舉頭看看偌大的廳房，牠明白小老弟的意思，牠看似擁有一切，實則一無所有，牠過的是驚嚇恐懼的日子。

這是《伊索寓言》（*Aesop's Fables*）裡的一則故事，這源自於古希臘一系列的寓言，相傳由西元前六世紀伊索所創作，後人集結成書。

兩種生活，若由你來選，你要過哪一種生活呢？

微宇宙奇觀──苔癬

我從我的好朋友白雪那裡，得知苔癬這種神奇的植物，它纖細雅緻，柔弱卻堅強。

潮濕的公園、花園地面就可以看見苔癬。

臺灣地處熱帶與亞熱帶，高溫潮濕，不論是山巒、溪谷，都非常適合苔蘚的生長，臺灣苔蘚植物約有一千五百種，已記錄發表有一千四百種。

而全世界，包括南極北極、高山荒原、沼澤低谷、森林野地，到處都可以看見它們的蹤跡。

苔蘚植物分在生態上屬於先驅植物，也就是說，一般植物無法生長之處，它可以，土壤貧瘠嗎？沒問題，它一樣可以生長；它富含水分，可作植物苗床；苔蘚腐

化後，又成為肥料，幫助植物的生長。苔蘚對於整個地球的森林生態，非常重要。

二〇二二年三月的《國家公園季刊》主題正是「苔癬的五億年奇幻旅程」，就是專門介紹苔癬這種植物，透過大量的照片可見，各式各樣的苔癬用不同姿態綻放在山林之間。

苔癬，這麼微小的植物，在整個地球生態上卻扮演著舉足輕重的角色，讓人驚豔，不但讓人看見了上帝創造的巧思，更啟發了我們：我們雖然非常渺小，但是在愛我們的上帝眼中，我們一點也不小。相反的，祂看我們為尊貴。

清朝詩人袁枚寫過一首詩，詩名就叫〈苔〉。

白日不到處，青春恰自來。
苔花如米小，也學牡丹開。

這首詩，翻譯出來的意思是：

「陽光照不到的地方，苔蘚卻能長出綠意，展現出美麗的青春。

苔花好像米粒那麼小，卻可以像牡丹花盛開得那麼雍容華貴。」

之前大陸某電視臺曾有一個節目，特別介紹了一位到中國貴州偏遠地區服務的教師，他用古詩教導孩童，他巧妙、智慧地引導他們，他自己作曲，教導孩子們唱出了這首〈苔〉。

　　這集節目播出後，在兩岸三地帶來極大的迴響。

　　這群孩子們正是一群住在偏遠地區，一般人不太會注意到的孩子，然而他們的聰明智慧並不輸人，他們有他們的特殊之處。一個願意投入偏鄉的老師，從一首首唐詩開始，帶領這群孩子們學習文學，並且自創歌曲，幫助他們記憶，這樣的教學熱誠正像是燦爛的陽光，照進了那些山裡的村落，讓這些孩子受到優質的教育，啟發他們的智慧。

　　看見這段影片裡的每一張臉孔，都是那麼天真，我深深知道，上帝並不偏待人，小如苔癬，當陽光照到那陰暗的角落時，它一樣可以綻放出閃亮的綠意。

文字活跳跳！

愛我臉上的憂傷

　　葉慈（William Butler Yeats，1865-1939）這位鼎鼎大名的愛爾蘭詩人，出生於藝術氣息濃厚的家庭，父親是詩人又是畫家，從小耳濡目染，又加上天資聰穎，難怪日後詩歌藝術造詣高超。

　　一九二三年他獲得了諾貝爾文學獎，然而在文壇上的成功卻不保證在情場上順利，他愛上了一位美女，他屢屢向她求婚，總吃閉門羹。

　　這個美麗的女子名叫昂德·岡昂（Maud Gonne），她是一位演員，也是當時相當活躍的民族主義鬥士，她原先仰慕葉慈的才華，欣賞他的詩作。

　　葉慈也深深被她吸引，對她魂牽夢繫，交往之後，連續三年，葉慈都向她提出求婚，卻每次都遭到女方拒

絕，原因是女方覺得他在革命理念上不夠堅定，在信仰上兩人也有嚴重的分歧。

葉慈在屢次失敗之餘，卻沒有完全失望，他以岡昂為主角，寫了一部戲劇，後來岡昂也擔綱飾演了這個女主角，此舉在當時獲得相當的成功。

然而，至終，演員與劇作家卻未因此結成連理。不久，岡昂嫁給一位軍人，憂傷痛苦的葉慈只有黯然離去，他前往美國進行一連串的巡迴演講，以工作療傷。葉慈的這段情史非常有名，尤其是他寫下了這樣一首又淘氣又諷刺、充滿想像力的詩作，為他的失戀留下了痕跡：

等妳年老髮蒼，成天昏昏欲睡，
在爐邊打盹兒，取下了這本書，
慢慢地讀著，回想妳眼裡曾有的溫柔，
眼睫深邃的模樣。
回想曾有多少人戀慕妳的神采飛揚，
愛上妳的美貌，
不論他們是真是假，
但有一個人深愛妳靈魂深處的聖潔，
也愛妳臉上變幻的憂傷。
俯身於熾熱的鐵條邊，妳喃喃自語，
輕嘆當年讓真愛離去，

然後妳踱步於高高的山巔，
將他的臉龐藏於群星之間。

這首詩完全是詩人腦補，自己虛設小劇場，想像他的愛人到了年老髮白，想到自己年輕時拒絕了葉慈這麼好的男人，不禁悔恨連連、痛不欲生。

葉慈如此自憐誇大的補償心理模式實在令人發噱，人家說不定婚姻美滿幸福，完全把他拋諸腦後，沒有悔恨這回事。

全詩不過是詩人自我安慰罷了。

但詩句之一「也愛妳臉上變幻的憂傷」，倒是非常傳神地捕捉了愛的真諦。

愛，是甚麼？愛一個人，並非只愛對方陽光美麗的一面，對於她陰暗憂傷的一面，更是心疼心碎，恨不得自己擔當。

我怎麼睡得著呢？

「我怎麼睡得著呢？成千上萬個問題在我腦海裡盤旋。」

所有的事情都發生在小女孩和父母說晚安之後。只見一個小女孩，躺在床上，她的狗狗在一旁守候，小女孩的眼睛睜得老大，輾轉難眠。

這是加拿大作家米謝‧勒繆（Michèle Lemieux）的作品。她生於一九五五年，住在加拿大蒙特婁，她的插畫圖文作品膾炙人口。

小女孩的問題可多著呢！如：

「無限的盡頭究竟在哪裡？」「我是誰？」「我美嗎？」「別人怎麼看我？」「我會死嗎？」「如果我們在天上挖一個洞，是不是就能看到無限？如果我們在那個洞裡再挖一個洞，那我們會看到什麼呢？」

「其他星球是否也有生物呢？你曾經想過，來自其他星球的生物現正藏在我們中間嗎？世界上第一個人類的長相到底是誰構想出來的呢？」

「想想看，如果我們像蔬菜一樣從地裡長出來……或是從生產線上製造出來……或是由廢五金拼湊而成！」

「有一天我將會有自己的孩子，還是我只能在這世界上存活一次嗎？」

「我可愛嗎？聰明嗎？」

全書充滿了問句，一個問題扣著另一個問題，觸及無限、生命、死亡、自我、愛與孤寂等。每一個問題都是大哉問，也是我們日常思想的縫隙會跳出來的謎團。

是的，我們總是禁不住要問自己：「我是誰？」

我們好想知道我們的生命是偶然發生的，還是有一個精心設計的藍圖？我們今天活著到底有甚麼意義？我們的明天又要往哪裡去？當日子不斷飛逝而去，我們的生命就要走到盡頭時，有甚麼是我們可以確定的？

這些問題一天不解決，我們就像是湖面上的浮萍，

又像天邊斷線的風箏，我們是那麼茫然，抓不住方向！

難怪這個愛思想的小女孩怎麼也睡不著，當星星還沒出來的夜晚，她望著窗外黝黑的夜空，她控制不了自己，她的腦子被成千上萬的問題所縈繞。

「人的靈是耶和華的燈，鑒察人的心腹。」這句話的意思是：耶和華神放了一盞燈在人的心裡，那盞燈會鑒察我們的內心深處。

我們與其他受造物最大的差別就在於我們會思想永恆、懷疑生命。我們除非得到生命的答案，否則我們的心靈絕不會得到滿足。

聖經裡這麼寫著：「上帝啊！……在祢那裡有生命的源頭，在祢的光中，我們必得見光。」

這本小書在精短的文字裡引人思索生命的珍貴，在簡單而豐富的構圖裡帶出複雜的情緒，展卷閱讀的剎那，有心者就可以找到幸福的答案。

今晚，當你上床睡覺前，不妨往窗外探看，也許在黑暗裡，你會看到一兩顆星星向你眨眼微笑。

「有的」、「沒有的」

我和好朋友去探望另一個好朋友，好朋友沒有小孩，迫切想要懷孕。那位被我們探望的已經有兩個小孩，最近又意外懷孕生了第三胎，我們去關心她，正是因為她情緒低落，照顧三個孩子，叫她每天都抓狂！

我的兩個好朋友面對面坐著，我看著她們，一個哭沒有小孩，一個哭自己有太多小孩，這大約就是人間事，「沒有的」羨慕那「有的」，那「有的」多麼希望自己「沒有」。「有與「沒有」之間，多少暗夜的哭泣與嘆息啊！

問題是甚麼叫做「有」，甚麼叫做「沒有」？

有人哭：「我沒有自由，因為我有丈夫孩子纏著呢！」

有人哭自己沒有家人，常形單影隻，而他有的是大把的自由時間。

有人哭：「人生過得真快，我老了，沒有時間了！」但其實他有豐富的經驗。

孩子哭怎麼時間過得這麼慢，想快快成人，誰知他有的是青春等著他。

有人哭：「我有大房子，打掃起來真累人！希望小屋就夠了。」

有人哭：「房子太小，住起來太擁擠！我沒有空間，我受不了！」

有人哭：「我沒有爸媽照顧，人好像一根草，飄來飄去，受人欺負！」

有人哭：「爸媽管得太囉唆，我沒有安靜的一刻，簡直要瘋掉！」

有人哭：「我沒有工作，收入不穩定，活下去都有問題。」

有人哭他工作太辛苦，想乾脆辭職，卻不想自己有穩定收入。

有人哭：「我沒有錢，沒錢寸步難行、萬萬不能！」

有人卻哭他的錢太多，不知道如何投資，有錢使他煩惱。

人生在世，「沒有」與「有」相遇，電光石火，天崩地裂，所有的悲劇喜劇都被揉成碎片，究竟何為幸福豐富，何為空虛零落？

一件事總有它的兩面，是利是弊，是福是禍，都沒有一定的標準，你從這個角度看，你說好，要是從另一個角度呢？可能就不好。因此，有人哭他有，有人哭他沒有。唉，我們若能換穿別人的鞋子就好了！我說：「我羨慕你！」你說：「我才羨慕你呢！」

唉，人生啊人生，我們若總是看著我們的「沒有」，那麼連我們所「有的」都要失去了！

甚麼是「有」，甚麼是「沒有」，定義在個人，眼光最重要！

因此，我們有時真的需要抽離自己的角色，去當一下局外人，站在不相干的角落裡，冷眼看自己，可能我們才能看清真相，看見我們究竟「有」甚麼，「沒有」甚麼！

攀岩高手夏威夷虎魚

　　就是世界上最頂尖的攀岩高手，面對這種魚，都要甘拜下風，在夏威夷，這種身形迷你的小魚稱為「虎魚」（goby）。

　　虎魚必須到瀑布頂端的水域去產卵，魚卵順流而下，流到海裡，長成成魚，成魚再向上攀爬，直到頂端，生命旅程再次循環。

　　這種看起來不甚起眼的小魚，其毅力、耐力卻令人瞠目結舌，他們用強勁的嘴吸盤，一寸寸地沿著陡立的岩石向上攀爬，由上而下的水柱以其砲彈樣式地往下重擊，又像是消防水柱火力全開往下射殺，而一隻隻虎魚仍然奮力抵住所有的衝擊，一寸寸往上移，以最著名的「阿卡卡瀑布」（Akaka Fall）而言，牠們要爬上相當人類四十五層樓高的巨型瀑布，才能抵達頂端。

牠們腹部有一個吸盤，嘴邊也有，一寸又一寸，不斷地往上移動，每一步都非常非常艱難，冒著可能被刷掉的危險，不斷攀岩。仰望上方，瀑布如一巨人，何時才能抵達上方，不得而知。生命之奧妙可見一斑。

　　牠們的耐力、毅力、堅決、韌性都是不可思議的。區區小魚，誰賦予牠們如此能力，又牠們怎麼知道生命的旅程就該這麼走，彷彿在牠們的 DNA 裡，就天生知道。

　　透視整座瀑布，彷彿可見數不清的細小軀體向上緩緩移動，每一天每一刻，日復一日，年復一年，此情此景似乎告訴人類：「永不放棄！」

　　我們常一遇挫折就哀聲嘆氣、自怨自艾，但看一條小魚都能逆流而上，而且是攀爬高塔，不到終點，絕不放棄！

　　自從牛頓從一顆墜落的蘋果，發現了萬有引力之後，人類終於明白所有向下的力量其神聖不可侵犯，這就是定律，亙古以來，早已存在。從自然界看，水往下流，從人類來看，所有的皺紋都該得到讚揚。

　　然而，這個世界所有的生命卻都是逆勢成長，一個小嬰兒之成為幼童，再成為青少年，一株青草之向上伸

展，一棵樹苗之破土發芽，這一切因為方向的不同，都令人振奮。

向下，或向上，這成為兩股較勁的力量，向下，是必然，但向上，必須有決心，咬緊牙關，所謂的毅力、志氣之於成功，就是在此。

聽夠了所有的勵志文存，做不到的，還是做不到。畢竟躺平比較容易，擺爛不費工夫，人生，不就是這麼一回事？努力用功，到頭來，一片虛空。於是，年輕人找到了最神聖的藉口，

誰知道，造物主卻放下了一些值得我們注意的細節，有好些生物，已經向我們揭示努力是必要的，向上攀爬，絕不放棄。

夏威夷虎魚就是最好的例子。

你的善變永垂千古

希臘哲學家赫拉克利特（Heraclitus，535-475 B.C.）曾說：「你不可能兩次踏入同一條河！因為萬物皆不斷流轉。」這就是他提出的「萬物皆流，無物常住」的變動觀，強調了事物發展變化的絕對性和永恆性。

所以「變」就是永恆不變的道理。

李斯（公元前284-208年），這位智者，皇帝的顧問，西元兩千多年前，早已明白這個道理：「變」！

秦始皇一統天下。這天，秦始皇大開 party，慶祝攻打匈奴、征服百越大獲成功，在宮中宴請群臣。可以想見，那場面喜慶喧嘩、杯觥交錯，文武百官竭盡所能紛紛向皇帝歌功頌德，讚美秦始皇功績彪炳、永垂青史，這可讓他龍心大悅、喜上眉梢，笑得合不攏嘴！

這時幾位大臣開始對未來的國家管理議論紛紛，秦始皇也仔細聆聽群臣的國務研討會。

丞相王綰等人進言說：「諸侯剛剛被打敗，燕、齊、楚地處偏遠，不給那些地方設王，就無法鎮撫。請封立諸公子為王，希望皇上恩准。」

博士淳于越說：「夏商周三代都實行分封制度，讓諸侯作天子的屏障，效果很好，不依照古制來管理國家，國運怎會長久？」

李斯嚴肅地說：「治國之道怎麼會只有一種模式？有些人就只知道死讀書，以為古代制度就是最好的，這豈不荒唐？」李斯在此強烈主張治國應該採用郡縣制，反對分封制。

李斯說：「周文王、周武王的分封子弟和宗親親屬很多，可是他們的後代逐漸疏遠，互相攻擊，就像仇人一樣，諸侯之間彼此征戰，周天子也無法阻止。現在全天下靠皇帝您的威武才獲得統一，若劃分成郡縣，非常容易控制。人民安心，天下才能安寧，我認為設置諸侯絕對沒有好處。」

秦始皇說：「以前，天下人都苦於連年戰爭無休無止，就是因為諸侯相爭。現在我把天下剛剛安定下來，

如果又設立諸侯國，這等於又挑起爭端了，千萬不可！李斯的話是對的。」

於是秦始皇採納李斯的建議，他並未冊封諸侯，而是把全國分為三十六郡。每郡設置郡守、郡尉、監御史，分別掌管郡的行政、軍事、監察職務，互相牽制。不久，李斯取代王綰成為丞相。

兩千年後的今天，我們客觀來看，秦朝郡縣制的成功在於順應了歷史潮流，為國家整合一切的力量，促進生產力的發展，並使國家強盛，大大鞏固穩定了秦朝中央集權統治。

郡縣制整體而言利大於弊，秦朝的滅亡與郡縣制有所關係，但不是必然與直接，關鍵還是在秦始皇和秦二世的暴政。

今人審視秦始皇的功過，大陸貴州電視臺節目康震老師說：「他遠遠、遠遠地超過歷代君王，而郡縣制正是最重要的創始與奠基，此舉乃來自李斯，他功不可沒，影響了兩千年。」

變，與時俱進。

李斯，你的善變永垂千古。

龐貝城貴婦茱莉亞的遐思

　　西元六〇年，茱莉亞才完成她精心設計的夏日餐廳，就座落在花園裡，有壁畫、流水、亭廊，色彩鮮豔、別具巧思，其實，她的豪宅在城內佔據了一整條街，每個人都知道她才是城裡最懂得品味生活的女人。

　　說起來，夏日餐廳只是她奢華時尚的延伸，她原來就有一棟餐廳，是佔地寬闊的府邸之中最金碧輝煌的建築了，周遭圍繞著噴水池、大理石桌椅，還有精緻花園妝點其間，只是，她看著總不滿意，想著：

　　「如果我家裡還有一個充滿田園風味的餐廳就好了，想像我請來的貴賓們在其中享受美食、歡樂聚餐，那簡直是天堂！」

誰知西元六十二年，龐貝城（Pompeii）發生了一次大地震，震毀了她的部分房子，花容失色的她，很快就從驚嚇中走出來，精明如她，立刻想到一條理財妙計，她打算把那些完整的建築出租，作為公共浴場、商店、酒館，所得到的租金就可以用來修繕其他受損的建築。

　　果然，她漸漸將自己的豪宅修復，坍塌的、龜裂的亭柱樓閣，都一一恢復原貌，眼看著，她就可以重新擁有原來豐裕幸福的生活。

　　她向那些租戶提出終止契約，算著日子，她要把那些出租的房屋收回來，重新裝潢，仔細整理，她告訴自己：「我再也不要聞到那些怪異的味道，我也不要再看到那些三教九流的人進出我的房子。」

　　她決定要盡速拾回自己往日愉快的生活趣味。

　　那些租戶說：「就到八月二十四號吧，幾年前，我們不是那天訂約的嗎？總要等租約到期吧？」

　　「好吧！好吧！」茱莉亞心想著，「只要把這些人趕走，我就快活了！」

　　而就在那一天，西元七十九年八月二十四日。

茱莉亞一早睜開眼睛，想到今天就可以收回自己的房子，心中雀躍之餘，把自己打扮得漂漂亮亮，從鏡子裡顧盼自己的身影，感到非常滿意！

她算好時間，就要與那些租戶們見面點交，誰知，忽然間，天地轟然一響，白日豔陽卻被黑夜幽暗忽然籠罩，鋪天蓋地而來的火山灰爐石礫無情地淹沒了一切。

茱莉亞的上一個念頭，還想著她往日美好快樂的時光呢，未來的幸福就在眼前，一切都在自己掌控之中！她的腳還沒邁出家門，宇宙轟然巨響！她的豪宅、她自己、她的美滿人生，頃刻間，深埋地底。

這一天，從上午十點到下午一點，義大利維蘇威火山像是發了瘋似地狂飆，山下的龐貝城全毀，一座繁榮熱鬧的城市被活埋，暗沉高熱的火山灰像是一條厚厚的毯子，蓋住了茱莉亞的美夢。

一座繁榮熱鬧的城市被活埋，
暗沉高熱的火山灰像是一條厚厚的毯子，
蓋住了茱莉亞的美夢。

阿嘉莎暴走

　　英國。倫敦。冬日的陰冷裡，阿嘉莎與她的丈夫正熱烈討論買房子的事。他們才剛結束環遊世界的旅行，他們去了南非、澳洲、紐西蘭、夏威夷，難忘的二度蜜月啊，小女兒交給媽媽，難得二人行，他們的愛情正甜蜜呢！

　　那是一幢特大的房子，英國古堡式的雄偉，這些年，他們經濟有了基礎，又擁有一個女兒，這該是人間最快樂的婚姻了。他們想像一家三口住在大房子裡的快活，他們看了一次又一次，終於決定把它買了下來。整個冬天，窗外陰雨綿綿，但在那溫暖的客廳、餐廳與臥室裡，家庭的溫馨與幸福是言語不能形容的。

　　四月，才入春，阿嘉莎接到母親過世的噩耗，她一向依賴她的母親，母女感情好得無法形容。

她火速趕回娘家，見母親最後一面，她的心撕裂一般痛楚，她的世界整個都崩塌了。之後的幾個月，整理著母親的遺物，她常獨自徘徊，暗夜啜泣，母親的音容揮之不去。

　　但此時她的丈夫卻墜入了另一個女人的懷裡，她是南茜・尼爾。南茜是她的好朋友，也是她的同事。阿嘉莎怎麼也想不到當她在人生低谷，她所愛的丈夫竟然背叛了她，她的手帕交竟成了第三者。

　　八月，丈夫來找她，他說他愛上了另一個女人，他要離婚。阿嘉莎完全招架不住，她的世界因母逝已經崩塌，而今，在一片碎片瓦礫之間，還有狂風暴雨來摧殘。

　　十二月三日那天，丈夫吵得凶，阿嘉莎的心在淌血。終於，丈夫憤而離去，他去找他的情婦。而阿嘉莎呢，她開車出門了。從那一天起，她從人間蒸發，沒有人知道她到哪裡去了。

　　《時代雜誌》（TIME）頭條大幅報導名作家阿嘉莎的失蹤，警方高額懸賞，並出動一萬五千人到處尋找，甚至出動直升機空中地毯式搜索。

　　但是，阿嘉莎就是不見了。輿論將矛頭指向她的丈夫，懷疑是他謀殺了她。

十一天之後，阿嘉莎在一家小旅館被找到了。警方問起她過程，她沉默以對。後來她說，在母親過世與丈夫外遇的雙重打擊下，她完完全全崩潰了。

　　後來，她還是簽字離婚了，丈夫與第三者隨即結婚。而阿嘉莎也在兩年後遇見她的第二任丈夫，他是一位考古學家。阿嘉莎因著常隨他四處考古，寫下了許多精彩懸疑的偵探小說作品，如《東方快車謀殺案》（*Murder on the Orient Express*）就是其中最有名的一部。

　　阿嘉莎‧克莉絲蒂，其作品被稱為僅次於聖經與莎士比亞作品之外最暢銷的書籍。她以她豐富的想像力、縝密的組織力，寫下了一部又一部令人著迷的小說。

　　她的第一段婚姻以離婚收場，然而她的第二春卻相當美滿。在她濡筆寫作時，會不會想起她一個人瑟縮在小旅館啃食人間至苦的日子呢？我想會的。然而，她透過寫作，她釋放了她的痛楚。以寫作，她闊步前行。

　　如今細看她的作品，在睿智巧妙的佈局與流利慧黠的表達之下，她曾有的淚水與嘆息已經化成人們對她的讚賞。

　　人生縱有無言的時刻，但走出傷痛，仍然可以活得亮麗光彩。

余索大逃亡

「余索」這個年輕人從外地返家，進了門，想好好看一會兒書，就被那門外震天響的鞭炮聲給嚇住了，接著是震耳欲聾的流行音樂鋪天蓋地而來，原來是對面的中藥行辦喜事。他躲進房間裡，關上門，也抵不住那宇宙間最巨大的聲響，躲進床底下，摀住耳朵，卻悶得呼不出氣來，他痛不欲生。

最後，他想，如此逃躲，不如直接去找對方理論，誰知他才一出門，就見眼前幾個彪形大漢站著，余索努力迸出幾個字。

他們立刻凶神惡煞似的，怒吼道：「你一個人講甚麼要安靜？我們這是辦喜事，你窮囉嗦個甚麼勁兒？」同時間，拳腳差一點落在他身上。

余索摸摸鼻子，回家，他收拾行李，想：「我在家裡，既然待不了，我逃出去，總可以了吧！」

他就往深山裡逃，終於逃到一個桃花源，眼前都是翠綠森林，風光明媚，「這裡，總有安靜的時候了吧！」誰知一轉角，見一大廟，正在做法會，各種咿咿喔喔的樂器、念經聲，魔音穿腦。

他整個人蹲下來，想鑽進地洞裡。「天啊，怎麼在這種仙境，還有這麼可怕的噪音？」他被擊垮了，「那麼我還可以逃到哪裡去呢？」

這是作家七等生的短篇小說〈余索式怪誕〉裡的情節。余索這個人面對噪音之劇烈反應在七等生之筆下固然顯得那麼可笑，卻點出了現代人無所遁形於噪音之典型無奈。

著名詩人余光中就對余索非常認同，余光中寫著：

噪音害人於無形，有時甚於刀槍。噪音，是聽覺的汙染，是耳朵吃進去的毒藥。其實不獨作家如此，一切需要思索，甚至僅僅需要休息或放鬆的人，皆應享有寧靜的權利。

詩人庫柏（William Cowper）說得好：「吵鬧的人總是理直氣壯。」

早在兩百七十年前，散文家斯蒂爾（Richard Steele）就說過：「要閉起耳朵，遠不如閉起眼睛那麼容易，這件事我常感遺憾。」

是的，我們總是想躲避噪音，想享受片刻寧靜，然而這卻是地表上最難得到的珍寶。

來到這個時代，噪音更加劇烈，而且無孔不入，二十四小時，它都如影隨形。更弔詭的是，我們似乎也甘願接受這種霸凌，只要有一分一秒的空閒，我們便戴上耳機，讓各種音樂貫穿我們的靈魂，甚至享受在其中。

我們讓自己的心忙碌，讓自己的耳充滿，感覺自己高效能地存在著。

但是，聖經說：「心中安靜是肉體的生命。」

我不由地想起那首古詩〈鳥鳴澗〉：

人閒桂花落，夜靜春山空。
月出驚山鳥，時鳴春澗中。

唐朝詩人王維所描寫的意境是那樣的寧靜，似乎空氣中都凍結了一種香甜的氣息，那是桂花的幽香，它無聲地飄落，在夜裡，一片靜謐。

春日的山谷寂寂空空的，明月緩緩升起，那皎潔的光輝驚動了山中棲息的鳥兒，牠飛了起來，鳴叫聲劃破夜空。

我們讓自己的心忙碌，讓自己的耳充滿，
感覺自己高效能地存在著。

但是，聖經說：「心中安靜是肉體的生命。」

奇妙的兩分鐘

冬天。

滿地是枯黃的葉子，枝頭映著灰色的天空，有一種蕭颯的美感。

儘管天氣寒冷，但是因著節慶的來到，空氣中有一種蠢蠢欲動的因子，又熱鬧又歡樂，只因為人們的心裡喜孜孜的，就快過年了！

人們一年到頭忙碌著，好不容易盼到過年，可以稍微喘息，年假是每個人期待的。孩子們則是引頸期盼著年夜飯，還可以領紅包、放鞭炮，享受快樂的春節。

新舊交替，我們彷彿站在時間的分水嶺上，回首顧盼，也遙望遠方，我們走過的歲月，或許順遂，或許坎坷，有感恩也有懷悔；面對新的一年，我們有心願，也有計畫，我們希望未來比過去更好。

守歲是過年的傳統之一，大多數人會在大年夜晚上與家人團聚、聊天、唱歌、遊戲，或往戶外爆竹、逛街、夜遊、看星星，一切的一切就是等待十二點那一刻到來。

　　十一點五十九分，多少雙眼睛盯著秒針不放，那喜悅與興奮，彷彿可以聽見自己的心臟蹦蹦跳，十九八七六五四三，二，一，整個世界都呼喊起來，鞭炮聲、歡呼聲、恭喜聲、笑鬧聲四處爆響著！

　　新的一年來了！

　　舊的一年被我們狠狠拋在後面，年曆撕去了，丟在垃圾桶裡，一種汰舊換新的快感！我們迎向全新的日子，眼前所見彷彿都變成新！在這一分鐘之內，我們感覺自己那麼偉大，卻也這麼渺小！

　　偉大只因為我們知道自己又長了一歲，邁向了新的境界，我們因著歡喜竟有些躊躇，夢想著自己偉大的前程；感覺渺小是因為我們自覺多麼無知、多麼脆弱，我們連明天如何都不知道，我們的計畫都只是假設而已，假設「我還活著」，假設「我還可以」，因此，我能如何如何……。

詩人大衛寫著：

「我觀看祢指頭所造的天，並祢所陳設的月亮星宿，便說：人算甚麼，祢竟顧念他！世人算甚麼，祢竟眷顧他！」

除舊歲迎新年的兩分鐘內，我們該思想我們人生的意義，時間不斷地消逝，分秒無情地向前，我們可知道我們的人生要往哪裡去？

正本清源，我們需要認識創造我們的那一位。知道我們的「生命之始」，或許才能想像我們的「生命之終」，在這窄如手掌的一生中，我們該追逐的是甚麼？我們該執著的又是甚麼？

我們若是偶現的星星、不經意的存在，或是錯誤的產品，那麼我們就不會臆想永恆。我們的存在乃是那位愛我們的上帝，祂在宇宙之初已經預備了我們，賜給我們生命，讓我們在活著的時候，享受祂的美好，認識祂的慈愛，在年年交替之時，體會祂樂於賜福給我們，引導我們邁向驚喜奇妙的生命旅程。

我們有七個兄弟姐妹

威廉‧華茲華斯（William Wordsworth，1770-1850），英國桂冠詩人。他的詩作〈我們有七個兄弟姐妹〉（*We Are Seven*）記錄了一段值得我們深思的對話。

　　我遇到一個小女孩，
　　她說她八歲。
　　她的頭髮又捲曲又濃密，
　　她看起來那麼天真，
　　她的眼睛圓得發亮，
　　她是一個美麗的小女孩。
　　我問她：「小女孩，
　　你們一共有幾個兄弟姐妹？」
　　「一共七個！」她說。
　　「他們在哪裡？」我問。
　　她回答說：「一共七個兄弟姐妹，

兩個人住在康威，
兩個人出海了，
另外兩個人在教堂的墓園裡躺著，
就是我的姐姐哥哥。」
我問她：「親愛的，這是怎麼回事？
如果兩個在教堂的墓園裡，
那麼你們只有五個。」
「不，我們有七個兄弟姐妹！
我常在那墳墓邊編織我的襪子，
我唱歌給他們聽。
太陽下山後，
我也常拿著我的小碗，
在那裡吃晚餐！」
「第一個死的是姐姐珍，
她躺在床上呻吟，
上帝釋放了她的痛苦，
她就走了。
她被安放在教堂的墓園裡。
每天我和我的哥哥約翰
圍著她的墳墓玩耍。
冬天來了，下雪了，我的哥哥約翰也走了，
他躺在姐姐身邊。」
「那麼，你現在有幾個兄弟姐妹？
如果他們兩個在天堂呢？」我問。
小女孩回答得很快：
「先生！我們總共七個兄弟姐妹。」

「但他們已經死了，那兩個人都死了！」
小女孩還是固執地說：
「不是的啦，我們就是七個兄弟姐妹！」

這個女孩從不覺得哥哥姐姐死了，她認為他們只是離開一段時間，不久，她還會見到他們。

作者認為這個女孩不合邏輯的想法，其實擁有比成年人更高的智慧。照理講，我們會把死者算作死去的人，永遠消失了。但小女孩卻對永恆充滿希望與平安，這是因為她對慈愛的上帝深具信心。

華茲華斯透過〈我們有七個兄弟姐妹〉暗示，小女孩其實對死亡毫無懼怕，對她而言，哥哥姐姐就躺在那裡，就像是平常睡覺，又像是出遠門一般，她不久還會見到他們，她並不覺得失去了他們。

所以這數學題怎麼算，小女孩永遠堅持她有七個兄弟姐妹，從未少一個。

生命的習題在面對減法時，給我們的衝擊非常巨大。死亡像是魔爪毒鉤，將我們拖入痛苦的深淵，然而，透過詩人與小女孩的對話，讓我們領略原來在上帝的慈愛裡，死亡不是高牆，它不能使我們與親人摯友隔離，

我們與永生的距離那麼近，我們可以如常生活，照樣歡喜，因為那些離開我們的人，都還「在那裡」，而且他們過得很好，我們對於永生的盼望好像海洋，漫過了一切悲傷。

　　最近幾位好朋友離開這個世界，讀到華茲華斯這首詩，竟像清新可愛的小鈴鐺提醒我們聖經裡上帝給予我們永生的應許，我們可以輕看死亡，知道我們所擁有的是最真實、最寶貴的盼望，就是我們不久還會見到我們所愛的親人朋友，大夥兒喜樂地團聚。

我們對於永生的盼望好像海洋，
漫過了一切悲傷。

太魯閣女子姬望的刺殺行動

一個女人的生命色彩竟是以婚姻的幸福與否來決定的。而她,一個走到盡頭活不下去的女人,在黑暗中遇見了曙光。

我剛從花蓮回來,我查考了一下,才知道我這次在花蓮出入的地方,一百多年前,有個女人名叫姬望(Ciwang Iwal),一八七二年,她出生在今加灣山頂上太魯閣族的頭目家,她是一位公主,長得非常漂亮。

十八歲,她嫁給了一個漢人,叫馬鳳。一天,排外的原住民見姬望不在家,趁機把馬鳳給殺了。他們認為漢人就是不可靠。後來姬望招贅,又是一個漢人,這人叫做信容,不久生病死了。

傷心的姬望對婚姻不再渴求,這時,一個從臺中來的生意人叫林嘉興,花言巧語騙了她的情感,結婚以

後，漸漸顯出本性，吃喝嫖賭樣樣都來，不但在外面找女人，還覬覦姬望的錢財。

一天，他把姬望的錢全部帶走，姬望知道了，痛不欲生，帶上番刀，前往壽豐，要去找他算帳，誰知在公車上，姬望遇見了人生中最重要的人，那就是李水車傳道夫婦。他們告訴她上帝愛她，並帶她來到教會，這個可憐的女人在最軟弱的時刻，聽見這個訊息，眼淚流了下來，那受傷的心靈得了安慰，她決定要認識這位神。

一九二四年她受洗了，當時的宣教士馬雅各與馬偕得知太魯閣族竟然有人信主，都興奮感恩，並積極邀請姬望來到當時的淡水學堂，接受聖經課程教育。那時的姬望已經超過五十歲，從未有機會學習的她，從零開始，刻苦讀經。兩年後，她回到家鄉，開始向親友族人傳福音。

這就是太魯閣族第一位基督徒，也是第一位宣教士姬望。

日治時代嚴厲禁止基督教的傳揚與活動，姬望以其勇敢與智慧照樣進行，她找到一個山洞，當夜色攏來時，信徒悄悄然聚集，要聽她傳講聖經。

相信的人越來越多了。雖然也有被人檢舉，被日本警察逮捕、刑罰的，或發放南洋充軍，甚至處死的。但

是人們的信心卻如磐石般堅固，彷如打落牙齒和血吞，大家都因著患難更加穩固，苦難只有使他們更加頑強抵抗。姬望帶領的信徒越來越多。

那個簡陋隱密的山洞常常擠滿了人，福音的真光照進了太魯閣族，他們離棄祖靈信仰，大批地歸向耶穌。

第二次世界大戰的結束，對太魯閣族教會信徒來說，一如撥雲見日，因為從一九二三至一九四五年裡，他們經歷了二十二年苦難的歲月，因信主殉道的人前仆後繼、血流成河，總算劃下了句點。

這時姬望已經七十多歲，但她仍然努力傳福音，北到秀林鄉和平村，南至卓溪鄉立山村，足跡遍及太魯閣族部落。一九四六年姬望蒙主恩召，享壽七十五歲。

姬望的事蹟感動了太魯閣族，不但設立姬望紀念教會，其追隨者也展現了姬望的大無畏精神。特別是一群婦女，其中最突出的就是谷牧（Kumu Lowsing），這次我們前往花蓮服務，住宿之地就是谷牧紀念教會的靈修中心。

從姬望受洗，開始傳福音，一百年過去了，太平洋的海浪層層又疊疊，沖向岸邊，中央山脈那麼沉穩淡定，它們都是太魯閣族抗日殉道的見證者，直到如今，它們仍然震動著。

這不是我要的人生！！

「我當初就不該如何如何，唉，事到如今，悔恨啊！」我想這是許多人心中的吶喊！

佛羅斯特（Robert Lee Frost，1874-1963）是美國詩人，他曾經四度獲得普立茲獎。

他最著名的詩作之一〈未走之路〉（*The Road Not Taken*）就點出了這種人生抉擇時複雜矛盾的心情，其文字樸實純真、節奏鮮明、意境優美、深刻雋永。

金色的樹林中有兩條岔路，
可惜我不能選擇兩條路；
我久久地站在那岔路處，
極目眺望其中一條路的盡頭，
直到它轉彎，消失在樹林深處。
……
我選了一條人跡稀少的路，

結果後來的一切都截然不同。

人生是一條射線，沒有回頭的可能。我們邁向前程，未來一片迷茫，就像是迷宮，看不見盡頭，我們選擇了A路，當不順遂時，必然想到B路，那肯定比較好。但真正幸福美滿的人生路究竟怎麼走？誰知道？有限的我們常不知如何抉擇！

但若我們的人生有一位智者的設計與引領，那就另當別論了。

三百年前，巴哈（Johann Sebastian Bach，1685-1750），這位巴洛克音樂大師，他所創作的清唱劇其中一曲《善牧羊群》（*Sheep May Safety Graze*），彷彿天籟，描繪出一幅安詳甜美之境，小羊兒都無憂無慮地吃草，因為牠們有一位大牧者，引導保護著牠們，何須憂愁？

他輕聲說：「我在這裡，儘管放心！」

這讓我想到聖經詩篇二十三篇所描繪那寧謐幸福的畫面：

耶和華是我的牧者，我必不致缺乏。
祂使我躺臥在青草地上，領我在可安歇的水邊。
祂使我的靈魂甦醒，為自己的名引導我走義路。

我雖然行過死蔭的幽谷，也不怕遭害，
因為祢與我同在，祢的杖，祢的竿，都安慰我。

在我敵人面前，祢為我擺設筵席；
祢用油膏了我的頭，使我的福杯滿溢。
我一生一世必有恩惠慈愛隨著我；
我且要住在耶和華的殿中，直到永遠。

這位慈愛聰明的牧羊人，非常清楚如何引導祂的小羊，哪裡有鮮美的青草，哪裡有清澈的河流，哪裡是好走的路，哪裡安全無虞，因此作小羊的，極度幸福而安全，因為祂比我們高超，比我們睿智，知道甚麼對我們最好，祂巧妙地引導我們，使我們的人生沒有遺憾，因為這條路已經是蒙福之路。

我們並非無牧之羊，更非失去父母之孤兒，我們的人生有一位最智慧的上帝引領，每逢遭遇分岔路，祂早已看見了路盡頭的風景，祂牽著我們的手，細心引導我們，祂必然帶領我們踏上萬紫千紅、精彩豐富之路。

文字活跳跳！

祂比我們高超，比我們睿智，
知道甚麼對我們最好，
祂巧妙地引導我們，使我們的人生沒有遺憾，
因為這條路已經是蒙福之路。

Part 1

經典文學
說故事

為什麼春天總不來？

春天來了，但這座花園裡卻是冰天雪地、冷風颼颼。花園的主人是個高大魁梧的巨人，他攆走了常在花園裡玩耍的小朋友們，他說：

「這是我的花園，我自己的！誰也別想在這裡玩耍！」

他立刻圍上圍牆，標示上寫著：「閒人免入，違者重罰！」

小孩子們灰頭土臉地走了，臉上帶著淚水，他們好喜歡在樹下捉迷藏，又愛在草地上翻滾，巨人大吼幾聲，孩子們嚇壞了，立刻消失得無影無蹤。

但是從此花園裡失去了色彩，遺忘了鳥鳴，幾棵桃花樹再也不開花了，草地被白雪覆蓋，北風帶來了冰雹，敲打著城堡，瓦片磚塊掉了滿地，花園消失了，城堡也滿目瘡痍，這是一個頹廢蒼白的世界。

　　巨人等著等著，巴望著春天快點來，但是冬天卻好似永永遠遠在此打轉，巨人很不開心。

　　年復一年，日復一日，春天總是不來。

　　直到有一天早晨，巨人被一陣優美的樂音喚醒，他以為是國王的軍隊，其實只是一隻小紅雀在歌唱，他連忙起身，往窗外一看，原來，孩子們找到了圍牆邊的一個小破洞，一個個小小的身軀擠了進來，孩子一個接著一個就這麼進來了。

　　他們在樹上唱歌，他們在地上玩樂，花朵都開放了，鳥兒啁啾唱個不停，整座花園充滿了活力，到處是鮮豔的色彩！

　　巨人終於明白了，他想著：

　　「原來是因為我的自私，所以春天總不來，我要拆掉圍牆，我要讓孩子們天天在我這裡玩耍，這裡就是孩子們的遊樂天堂！」

這是英國作家王爾德（Oscar Wilde，1854-1900）的童話故事〈自私的巨人〉（*The Selfish Giant*），童話的對象不只是孩子，這寓意深長的故事，就是大人讀來，也感到饒富哲理。

我們每個人心裡都有一座花園，我們可能高牆封鎖，也可能柔軟開放，這之間的尺度與個性有關，但是可以確知的是，當我們樂意與人分享的時候，我們的笑聲特別多，心情特別好，說不上來的一種喜悅，叫我們好像霎時間擁有了天堂。

而當我們總是牢籠自己、劃分界線，不願敞開，更不想分享時，我們的靈魂就彷彿長年冰封在雪地裡，每一分每一秒的思維情緒都不斷地折磨自己，冬天的凜冽嚴寒永遠籠罩，而春天的繽紛歡樂就離我們好遠好遠。

春天，甚麼時候會來呢？是在我們打開心扉與別人分享的時刻。

聽！鳥兒在枝頭歌唱！看！花朵在樹梢盛開！閉上眼睛，感覺一下，微風拂上了我們的面龐，這是真正的春天。

春天來了！

回到十二歲的生日 party

　　才去過淡水小鎮，靠近捷運站，老街總是生氣勃勃的，附近商家也是熱熱鬧鬧的，各種主題餐廳，各種創意手作，你想得到的美術展演、藝術走廊都在巷弄間向遊人招手，臨著那一條永遠流轉的淡水河，似乎每一刻都是永恆。

　　去年從春天到夏天，舞臺劇上風光一時的《淡水小鎮》這齣戲，巡迴全臺灣演出，它被藝術界評論家譽為「一生必看經典名劇」。臺灣重量級劇場的演員都在，臺灣的天空閃亮亮的，這來自西方的故事，描繪人生場景，竟然是如此貼切而生動，穿越國界，不論人種，人世間的情感都在這齣劇裡淋漓盡致地傾瀉出來。

其實，那就是《我們的小鎮》（*Our Town*）的改編版，原作是美國劇作家桑頓·懷爾德（Thornton Wilder，1897-1975）的作品。從西方到東方，從美國到台灣，甚至逶迤來到台灣古老小鎮淡水，這齣劇的威力不減、情感澎湃，因為它就在平凡裡展現不凡，在小處探索偉大，它問每一個看戲的人：想想當我們活著的時候，是否盡情享受生命的美好，體會活著的恩典，珍惜手中的幸福呢？

《我們的小鎮》曾經獲得一九三八年美國普立茲獎。作者堅信，我們活著的時候，真正地認識到此時此刻生活的價值，生命才會有意義。

其中女主角艾茉莉（Emily）懷孕，後來臨盆時，不幸難產過世，作者安排了一個情節，時光倒流，讓她的靈魂回到了她十二歲的生日 party，她從少婦變成少女，眼前呢，大家團聚歡笑聲不斷，她看到了年輕時候的爸爸媽媽，好帥又好漂亮，她大叫：「爸爸媽媽！我愛您們，我已經長大了，我在這裡！」

但是沒有人聽到她的叫聲，她猛然發現當她失去了生命，一切都變色了，所有的幸福都與她無關，過去那些平凡簡單的生活細節都是那麼地珍貴，但是，一切都回不去了。

作者用這個最簡單的劇本告訴了我們一個最不簡單的人生課題，那就是當我們追求幸福時，可曾細細地體會我們所擁有的美好？那些長久支持我們的人，像是父母、家人、朋友們，別以為那是理所當然，那是愛的展現，當我們被愛所包圍時，記得感恩吧！

　　桑頓・懷爾德在美國文學史上地位非常特殊，他是唯一同時榮獲普立茲戲劇獎和小說獎的美國作家，他是美國現代戲劇的靈魂人物與先驅，被譽為「二十世紀美國最後一位寓言家」。

　　作家已經不在了，劇本依然流傳，平凡如我們，若抓住了不平凡的現在，就是幸福。

文字活跳跳！

如果你的寵物是一隻豬

有一隻母豬,這一天生了十一隻小豬,其中那一隻最瘦小的小豬,怎麼樣也爭不到奶,因為一隻母豬只會有十個乳頭,牠爭來爭去,就是吃不到,主人拿著斧頭,準備把牠給砍了,晚上加菜。

小女兒小芬衝過來說:「爸爸,爸爸!這不公平!為什麼牠天生瘦小,就要死呢?」

爸爸說:「孩子,你不懂,牠遲早會死的,牠撐不下來!」

「我可以養牠,我可以當牠的媽媽,我可以照顧牠!」小芬急切地說。

爸爸拗不過小芬,就說:「好吧,留給妳!」於是爸爸用一個紙箱,把這隻小豬裝在裡面,就讓小芬來照顧牠!

首先是取名字，小芬幫牠取了一個她自認為最好聽的名字，叫做「韋伯」（Wilbur）！她每天餵牠喝奶，抱著牠，講故事給牠聽，跟牠玩，用嬰兒車推著牠出去散步，小芬就是把牠當成一個小 baby 在養，對牠照顧得無微不至。

　　兩個禮拜過去了，小豬變成了中型豬，爸爸說：「紙盒裝不下了！」於是就在屋外給牠預備了一個小房子。

　　小芬還是天天去餵牠，跟牠玩，照顧牠。

　　五個禮拜過去了，中型豬變成中大型的豬了，以牠的大小必須要賣了，牠的食量驚人，小芬家根本養不起！

　　怎麼辦？小芬說：「不不不！爸爸，不能賣！」

　　這時候，媽媽說：「有個折衷的辦法，送到叔叔家的農場上去養著吧！」

　　「好，就這麼辦！」小芬如釋重負。

　　於是有一天叔叔就來把豬帶到他的農場上去養了。

　　到了農場上，一切都好新鮮，但是小芬畢竟不能像過去時時刻刻在牠身邊，韋伯漸漸覺得孤單又寂寞！牠

跟每一種動物說：「你們可以作我的朋友嗎？我可以跟你們玩嗎？」

他們都說：「不可以！我們有很多正事要做！」

韋伯好失望。就在這時，從天而降有一個聲音對牠說：「我可以當你的朋友，我可以跟你聊天，我是夏綠蒂。」

原來這是一隻蜘蛛，牠的名字叫做夏綠蒂。夏綠蒂跟韋伯作了最好的朋友，他們一起聊天玩樂，天天好開心！

這時，壞消息傳來了！聽說叔叔就要把韋伯給砍了，聖誕節將近，要把牠做成聖誕大餐！

「這怎麼可以呢？」韋伯說：「我就要死了！」

「不！我的好朋友，我一定會幫你！」夏綠蒂信心滿滿地說。

「怎麼可能？你怎麼做得到？」韋伯嚇得要命。

「我有辦法！」夏綠蒂說。

夏綠蒂用的辦法是什麼？牠竟然用了一個全天下最妙的辦法，牠告訴韋伯說：「只要讓你的主人覺得你是一隻有名的豬、聰明的豬、特別的豬，你就不會死！他就捨不得殺你，這就是我的辦法！」

　　於是夏綠蒂就在牠的蜘蛛網上織出了各樣的字像是「Terrific!」、「Radiant!」，意思是：「這是一隻特別的豬！這是一隻聰明的豬！這是一隻獨一無二的豬！」

　　對了，這個方法讓韋伯保住了牠的性命。這本書就是有名的《夏綠蒂的網》（*Charlotte's Web*），好萊塢翻拍成為真人動畫電影，值得一看！

　　俗語說：「人怕出名，豬怕肥。」

　　但是如果豬出名了，成為網紅就不一樣了，這個故事讓我們看到夏綠蒂的智慧，以及牠與韋伯之間友情的可貴！

文字活跳跳！

Honey 的鉅作

我的 Honey 每天都在說，他要出一本鉅作！

他那個信心滿滿、熱情澎湃的樣子，任誰看了都會著迷，而且滿心驕傲，覺得我怎麼這麼榮幸，可以嫁給一位偉人！而我也跟我所有的朋友們說，我的他是多麼的才華洋溢。

還有，我和他約會的時候，他也從不說廢話，他總是在講他偉大的著作，滔滔不絕啊，如何鋪陳，如何寫大綱等等，除此以外，我們無話可說！看，我們約會品質之高級、層次之超越。我真是以他為榮啊！

只是他，總是催著我要結婚，他說：「你一天不嫁給我，我就靜不下心來寫作，趕快結婚吧！」

於是因著他的鉅作，我就答應他了！

結婚之後，我們去蜜月旅行，回來之後，我滿心以為生活步入正軌，一切都該開始了，我就催他了：

「親愛的，你現在可以開始寫作了！」

一次兩次還可以，第三次他就不耐煩了，他說：

「你不要催我，作家是需要靈感的！」

於是我閉嘴，我可不願意成為嘮叨老婦，成天碎碎念！

只是我納悶，他每天在房間裡，不是睡覺，就是在看手機，這是怎麼回事？

等到我送點心進去，他又馬上表現出一副專心寫作的模樣，說：「不錯！不錯！今天進度不錯！」我觀察了又觀察，老覺得不對勁。

直到有一天，我發現他所有檔案、他的電腦螢幕一片空白，我就忍不住問他了：

「嘿，Honey，你不是天天在寫你的鉅作嗎？我怎麼都沒看到成果？」

他說：「你不要逼我，萬事起頭難！冬天，冬天，冬天我來寫！」

等到冬天來了，他又說：「這天寒地凍的，這是睡大覺的時候，我春天再寫！」

春天，春天來了！他又說：「哇！春暖花開，結伴遊春郊！不適合寫作，我夏天再寫！」

可是等夏天來了，他又抱怨：「喔！我快熱死了！我吃剉冰，吃剉冰，消暑消暑，心煩氣躁怎麼寫？我秋天再寫！」

等到秋天來了，他又說：「哇！秋高氣爽，詩意正濃，出去走走才有靈感，冬天一定寫！」

到了冬天，又濕又冷，他說著又鑽進棉被裡了！「哎！睡覺，睡覺，睡覺才能養大腦啊！」

於是他還是沒有寫，如今我們結婚八年了，他還是一個字也沒有寫，唉！我真是後悔，那時候我向所有的朋友們吹噓他的才華，說什麼「我覺得我簡直是天底下最幸福高貴的女人！」

結果竟是一場空！結論是：人生哪，夢想與現實實在是相差太遠！

　　這個故事改編自作家詹姆斯‧馬修‧巴利爵士（Sir James Matthew Barrie，1860-1937）的短篇小說〈丈夫的鉅著〉，他是蘇格蘭小說家、劇作家，也是世界著名兒童文學《彼得潘》（*Peter Pan*）的作者，提到《彼得潘》這部作品，家喻戶曉、膾炙人口，大家應該相當熟悉。他的作品幽默有趣、意旨豐富，常有弦外之音。

　　這篇〈Honey 的鉅作〉，讀來是不是也有幾分像我們自己？生活當中，目標可以非常偉大，但實踐起來卻不容易！「拖延」正是我們最大的敵人。

文字活跳跳！

遲到大王李伯

「李伯！你給我死回來！」李太太大吼。

李伯一溜煙走了，李太太氣急敗壞，李伯就是不做正經事，家裡的窗戶破了，屋頂漏水，他從不管，但奇怪的是，只要鄰居家裡需要修繕，他總是跑第一，這跟他對家裡的態度截然不同，為什麼呢？只能猜，他可能受不了太太的嘮叨碎念，那使他不想回家。

但李太太可不管這些，她成天就對李伯見頭罵頭，見腳罵腳，脾氣越來越火爆！

這一天呢，李伯帶著一條狗又上山遛達去了，只見一群小矮人，穿著服裝非常奇怪，是古荷蘭式的，正在玩保齡球的遊戲，看見李伯來，打了個招呼，之後這些矮人開始喝酒，李伯好奇心之下也偷喝一口，說：「好好喝喔！」

於是仰頭一杯喝盡，之後昏昏沉沉地倒下睡著了，他睡得好深好深好深。等一覺醒來，天亮了，低頭一看自己，天哪！白髮三千丈，「這是怎麼回事？」

他急忙往山下跑，路上所見都是陌生人，找到自己的家，那是一個破房子，一問，太太已經死了，兒子女兒都長大了，早就搬走了。

鄰居們見到他，都非常驚訝，說：「啊，你是李伯，失蹤人口二十年，你終於回來了！不敢相信啊！」

李伯感慨萬千，眼前人事全非，他感覺才離開一個下午，這個世界竟然已經悠悠忽忽過了二十年啊！

這是十九世紀美國作家華盛頓・歐文（Washington Irving，1783-1859）所寫的短篇故事〈李伯大夢〉（*Rip van Winkle*），這部短篇小說收錄於歐文作品集《見聞札記》（一八二〇年發表），故事元素取自於德國民間傳說。

李伯錯過了一七七六年的美國獨立戰爭，李伯錯過了自己的人生，也錯過了親子快樂的家庭時光。

〈李伯大夢〉的故事奇妙地對美國社會產生了巨大的影響，而「李伯」這個稱呼也被多重定義，形容「晚於時代的人」、「遲到大王」（Times-Later）這個概念。

李伯睡了一覺，二十年已過，恍如隔世，想必心情非常複雜。不如我們來做個心理測驗吧！題目是：如果你是李伯，你會怎麼想？

1. 好險，惡婆娘已經死了，沒人念我了，太棒了！
2. 兒子女兒自動長大，我都不用管，省事啊！
3. 我錯過我的黃金歲月，直接變老人，哦，好哀怨！
4. 我錯過我的家庭生活，聖誕節、感恩節、中秋節、端午節，好可惜！
5. 我不該那麼懶散逃避，讓太太一個人獨扛家務，哎，是我對不起她！
6. 孩子們的重要時刻，我都不在，畢業典禮、婚禮、生孩子，我都缺席，我這是什麼爛爸爸？
7. 來到了一個新世界，改朝換代了，感覺真好！

　　如果你是李伯，你會是哪一種心情呢？

文字活跳跳！

他娶了我，算他倒楣！

　　家喻戶曉的小說作品《清秀佳人》（*Anne of Green Gables*）發表於一九〇八年，女主角安妮（Anne）從小就寄養在孤兒院裡，後來是一對老兄妹領養了她，她才開始擁有家庭生活。那對老兄妹，哥哥叫做馬修（Matthew），妹妹叫做瑪莉拉（Marilla），兩個人都沒有結婚，一路走來相依為命，因為家裡需要人手幫忙，所以向孤兒院申請一個男孩，誰知陰錯陽差，孤兒院竟給了他們一個女孩，就是安妮。

　　老兄妹還是接納了她，並將安妮視為己出。後來安妮漸漸長大，她在學業上表現傑出，有一個從小和她認識的一個男孩，名叫吉伯（Gilbert），他一直都喜歡她，只不過某次吉伯為了想引起安妮的注意，開玩笑叫她「紅蘿蔔頭」，讓安妮非常不悅，以至於後來吉伯好幾次向她表示愛意，都吃了閉門羹。安妮始終耿耿於懷，不願

意原諒他，直到有一天，瑪莉拉不經意向安妮提起來，說：

「吉伯這孩子已經長大了，那玉樹臨風的模樣就像他父親一樣呢！我和吉伯的父親從前是好朋友，大家都笑我們是一對情侶呢！」

安妮非常驚訝，原來瑪莉拉認識吉伯的父親，繼續好奇地問道：

「然後呢？發生了甚麼事？你們後來怎麼樣了？」

「吵架了！他來向我道歉，我卻不肯原諒他，雖然當時一度想原諒，但是……，我太倔強了！我不願意放過他！從此以後，他就再也沒有來了！現在想起來，很後悔當初為什麼不乾脆原諒他……！」

瑪莉拉道出自己年輕時的羅曼史，安妮這才明白原來瑪莉拉不結婚是有原因的，就是一時的倔強誤了自己的婚事，不願意原諒對方，因此錯失一段好姻緣。

瑪莉拉的這番談話當時觸動了安妮，改變了她，她決定好好對待吉伯，當他祈求她原諒時，絕對不要拒絕他！

後來安妮與吉伯終於結成連理，瑪莉拉的一番話在關鍵時刻啟發了安妮，讓安妮不至於步上她的後塵，得以擁有幸福美滿的婚姻。

在臉書上，我和幾個姐妹有個私密社團，我們常分享婚姻生活中的點滴。秋日的下午，我看見珮婉的留言，她語重心長地寫著：

「有時候我想，就放過我們的男人吧！像我先生娶了我，我覺得他還挺倒楣的，因為我有那麼多的不完美！他都願意跟我結婚了，犧牲算大的了，說起來很有勇氣，所以囉，我決定對先生好一點，真的該對先生好一點！」

涼涼的秋風裡，我體會姐妹的心情，經過一些大大小小的衝突之後，她憬然感悟，反躬自省，想想先生的好，感恩她生命中擁有的另一半，我想，這就是婚姻幸福的第一步了！

穿越時空訴說愛的真諦

　　有一隻狗，名叫巴克（Buck），牠生長在溫暖的南加州，主人是遠近馳名的大法官，他們住豪宅吃美食，牠是家裡最受寵愛的毛小孩。

　　白天呢，牠就陪少爺小姐們游泳、遊戲、散步啊，過著優渥的日子，好高興喔！

　　晚上呢，牠就窩在主人的身邊，陪他讀書啊，這樣的日子是不是太舒服了，真是好狗命。

　　直到這一天，好賭的園丁拐騙了牠，把牠轉賣到阿拉斯加，那是非常寒冷的地方。牠從一隻家犬變成一隻雪橇犬，在不同的主人手下流轉，受盡了凌辱、鞭打、飢餓、虐待，太可怕了，牠的世界一整個崩解了，以前彩色，現在黑白；以前幸福，現在悲哀，眼前看來真是漫漫如長夜啊，充滿了艱苦與痛苦！

在這個弱肉強食的世界，牠知道牠除非勇敢堅強，否則只有死路一條。

就在一次，牠被虐待到奄奄一息、就要喪命時，有一位主人，他就是好心的桑頓（Thornton）出現了，他把巴克收為己有，好像當成自己的孩子一般疼愛牠，桑頓最常做的動作，就是搓揉著牠的脖子，一邊親吻著說：

「我親愛的小寶貝！哦，我的小親親！」

每當這樣的時刻，巴克就眼睛發光，然後蹦蹦跳跳，表現出一種無法形容的愉悅感，那就是一種被愛護、被疼惜的感覺。

這是為什麼牠誓死效忠主人，不讓主人受到任何危險，因為牠從未感受到這樣的愛。直到後來，桑頓受到極大的逼迫，巴克也是全力以赴要保護他。

這個故事就是《野性的呼喚》（*The Call of the Wild*），美國著名經典小說，故事背景場景在一八九〇年代的克朗代克淘金熱（Klondike Gold Rush）時期，在加拿大育空（Yukon）這個地方，當年探礦者喬治卡馬克（George Carmack）在克朗代克河附近發現了金礦，消息如野火般迅速燃燒，傳遍了美國各地，許多人趨之若鶩，滿腦子發財夢，因此一時雪橇犬成為當紅炸子雞，成為淘金者的交通工具。

小說作者是傑克倫敦（Jack London，1876-1916），他在一九〇三年出版了這部作品，讀者反應非常熱烈，故事也多次被改編搬上大銀幕拍成電影和動畫。最近的一次作品就是二〇二〇年由赫赫有名的大明星哈里遜・福特（Harrison Ford）領銜主演的電影，名稱是《極地守護犬》。

　　愛是超越言語的，巴克知道主人對牠的愛，所以牠也以「有情有義」來對待。反思我們在人類的世界，有愛情、友情、親情，我們是否也能夠「有情有義」地彼此對待呢？

　　當有人愛我們、有恩於我們，我們是否以「有情有義」來回報呢？這個愛的課題值得我們思考，《野性的呼喚》透過一隻雪橇犬穿越時空告訴我們愛的真諦。

文字活跳跳！

帶給別人快樂的吹夢巨人

我從小非常害怕看到醜惡的東西，因為我看過就忘不掉，因為這毛病，所以我錯過了這部迪士尼奇幻冒險電影《吹夢巨人》（*The BFG*）。

二〇一六年史蒂芬史匹柏（Steven Allan Spielberg）導演監製了這個作品，內容是關於一個八歲的小女孩蘇菲的奇妙遭遇。那一晚，她趴在孤兒院的窗邊，睡不著。

忽然間，她往窗外一看，看到一個大巨人正拿著小喇叭，吹出一團又一團的亮光，她嚇壞了。大巨人也看到了她，一把就把她帶走，帶回大巨人住的大森林裡。

小女孩嚇得全身發抖，說：「拜託，拜託，別吃我呀！」

大巨人居然說：「你別擔心，我只吃臭瓜，我不吃人，我的名字叫做 BFG。我之所以必須把妳帶回來，是因為我怕曝光啊！人們會搜尋我們的，他們會把我們抓走。」

接著他開始介紹整個巨人國，他說：「我們總共有十個巨人，我是那個最矮小的。其他九個巨人都又高又大，就像山一樣，而且他們個個面露凶光，以吃人為樂，但是，妳別誤會，我和他們可是不一樣哦！我是一個好巨人，我總是預備好夢，放在我的玻璃罐裡，夜晚的時候出去吹給人們，讓人們做好夢！」

　　「只是因為我個子矮又不吃人，其他巨人就常常欺負我、霸凌我，把我丟來丟去！」蘇菲想起自己在孤兒院裡，也是沒有朋友，於是她就和 BFG 成了好朋友。

　　現在棘手的問題來了，由於巨人吃人的問題非常嚴重，這非得解決不可。蘇菲想到一個好辦法，她說：「我要去找英國女王！」

　　那時候伊莉莎白二世還活著，於是他們來到了白金漢宮，要請女王出兵！

　　女王先請他們吃下午茶，他們受到最高級的款待，又吃點心、又喝咖啡，最慘的是，BFG 一喝到咖啡，覺得超級難喝，立刻噴了出來，濺得到處都是，周圍的僕人都遭殃。

　　BFG 為了向女王表達謝意，主動推薦他自己最愛的飲料，那是一種綠色氣泡水，喝了以後會放屁！女王

不疑有他，也喝了一杯，當場就大放其屁，這實在是太窘了！誰能想像舉世仰望、地位崇高的英國女王竟然當眾放屁！這，太令人發噱了！

接著，BFG與蘇菲同女王的軍隊合力制伏了九個巨人，把他們流放到無人島去，這才解決了人類大患！

這個故事是英國小說家羅爾德‧達爾（Roald Dahl，1916-1990）的作品，出版於一九八二年。這位挪威裔的英國作家是英國人票選最受歡迎的作家，英國《泰晤士報》（The Times）曾經盛讚他是「我們這個世代讀者最多、影響最廣的作家之一」。他的其他作品包括《查理與巧克力工廠》（Charlie and the Chocolate Factory），也被拍成電影，大人小孩都愛看。

他的作品充滿想像力，帶給人們童稚的歡欣。從文本到大螢幕，《吹夢巨人》這部電影真的值得一看，BFG雖然其貌不揚，但是他的內心善良，是一個把快樂帶給別人的巨人。

文字活跳跳！

把赤查某娶回家

　　在義大利帕都亞（Padua）這個地方，有一對遠近馳名的姐妹花。

　　姐姐是凱瑟琳娜（Katherina），簡稱凱特（Kate），美豔動人，但是生性潑辣，天天摔東西、打人罵人，總是一副猙獰的模樣。

　　妹妹琵央加（Bianca）則完全不同，貌美如花，溫柔體貼，可想而知，追求她的人大排長龍。但是爸爸放話了，不嫁掉大女兒，二女兒別想。

　　於是那城裡的男士們全倒，這就是比登天還難的問題了，沒人敢娶大女兒，甚至有人說：「就是送給我金礦，要我娶她，我都不要！」

直到這天，出現了一個敢死隊的，名叫彼特魯喬（Petruchio），他嗜財如命，他聽說了凱特的美貌和她豐富的嫁妝，就想來試一試。

關於她的暴躁脾氣，他想：「天底下沒甚麼事難得倒我！」事實上，他想到那些金器銀器，就流口水。於是他登門拜訪未來岳父，一進門，就說：「我要娶你大女兒！」

老爸爸一聽，幾乎要跪下，因為他巴不得趕快解決這個麻煩精！這簡直是大恩大德啊！「請便，我舉雙手答應贊成！」

彼特魯喬立刻上樓，一見到凱特，她果然就是在打東西、摔東西，彼特魯喬說：「溫柔美麗的凱特，大家都稱讚妳的美德，我決定要娶妳為妻。」

凱特這時一巴掌就要呼下去，卻被彼特魯喬一把抓住，丟進房間裡，然後，反鎖！還狂言道：「婚禮就在這個禮拜天，準備好！」

下一個場景就是婚禮現場，鄉親父老齊聚一堂，凱特打扮得漂漂亮亮，是個新娘子，但是，還是很凶！

婚禮就要開始了，只是久不見新郎，新娘獨自等著，大家看笑話，笑這個女人沒人要！就這麼鬧哄哄一片，新郎還是沒有來。就在大家要散去時，新郎出現了，他穿得破破爛爛，騎著一匹老馬，他喝得酩酊大醉，進了禮堂，先給主禮的神父一拳，大家看傻了。

　　接著，好不容易，婚禮開始了，神父問彼特魯喬願不願意娶凱特，彼特魯喬發起酒瘋，嘻嘻哈哈亂說一通。

　　問到凱特，她準備抓狂說：「我不要！」

　　彼特魯喬立刻親吻了她，然後旋風似的，把她抱走上馬，揚長而去。說：「要趕快帶新娘子回家！」

　　回家途中，彼特魯喬故意不理她。一路上，彼特魯喬故意讓凱特自己騎一匹馬，那時候是冬天，非常寒冷，路上泥濘不堪，凱特摔下來，整個人在泥巴裡，又被馬壓住，彼特魯喬在前面，也不救她，就這麼一波三折，終於回到了彼特魯喬的大房子。

　　到了家，彼特魯喬就到處挑剔，說：「這一切都不配我尊貴的妻子！」

　　凱特經過長途跋涉，又累又餓，想躺下睡覺，彼特

魯喬硬是把床給掀了，理由是不配他高貴的妻子身分。

凱特肚子餓，彼特魯喬叫僕人預備食物，等食物滿桌，他又立刻翻掉！說：「這麼難吃，配不上我妻子！」

說要給凱特做漂亮衣服，裁縫來了，量了半天。等幾天，衣服做好了，彼特魯喬一看，說：「醜死了！」當場用剪刀剪碎。凱特嚇壞了，還是得穿回她又髒又舊的衣服。

一段時間後，得知妹妹要結婚，凱特很想回娘家，但彼特魯喬說：「我說甚麼時間走，就甚麼時間走。」

這天，一切備妥，彼特魯喬出門，他說：「現在是晚上七點。」

凱特說：「不對！不對！現在才下午兩點！」

彼特魯喬說：「我說是晚上七點就晚上七點，你跟我作對，不去了，回家！打道回府！」

隔天，又是同樣的戲碼。

不然，就是預備出門了，看見大太陽，彼特魯喬說：「好大的月亮啊！」

凱特說：「甚麼？那是太陽，你說錯了！」

老公說：「你又跟我作對，不去了！」

就這麼七八次之後，凱特完全降伏了。彼特魯喬說甚麼就是甚麼。說月亮是太陽，說太陽是月亮，凱特完全同意。

後來凱特回到家鄉，每個人都驚訝凱特是如此順服，好像變了一個人，大家都搖頭說：「從來沒看過一個這麼順服丈夫的女人。」

《馴悍記》（*The Taming of the Shrew*）是莎士比亞（William Shakespeare，1564-1616）的喜劇，它是莎士比亞早期的作品，可能成劇於一五九〇年至一五九四年。作者用滑稽、詼諧，甚至是荒誕的文字呈現這個故事，不論是文本或是後來拍成電影，都是經典名作。

文字活跳跳！

誰再敢欺負你，我就會去修理他！

一年級新生西蒙今天第一天上學，放學後被一群人團團圍住，問他：「你叫什麼名字？」

他回答：「我叫西蒙！」

那些孩子說：「各位，你看他沒有姓，他沒有爸爸！」

西蒙說：「我有，我有爸爸！」

「在哪裡？在哪裡？」西蒙全身發抖，卻啞口無言，他真的沒有爸爸。

這時候一個像流氓的孩子說：「你根本就沒有爸爸！」

西蒙氣起來，衝過去揪住他的頭髮，踢他的腳，兩個人扭打在一起，分開的時候，西蒙全身是傷，坐在地上，這些敵人們圍著他又跳又唱：「沒有爸爸，沒有爸爸！」

　　西蒙撿起地上的石頭，就往他們猛 K，那時他坐在地上，他只有一個想法：「我要去死！」

　　他奔到河邊，看到流水，一陣心酸，想到媽媽，又哭了起來，這時一隻大手拍拍他，一個聲音對他說：「孩子，什麼事讓你哭得這麼傷心？」

　　「他們說，我沒有爸爸！」

　　「當然每個人都有爸爸呀！」

　　「我就沒有！」這個年輕人把西蒙拉起來，說：「好孩子！別哭別哭，沒事沒事，我帶你回家，我帶你回家，你會有一個爸爸的，一定會！」

　　兩個人到了家裡，西蒙看到媽媽，衝過去抱著媽媽猛哭，說：「媽媽！媽媽！他們笑我沒有爸爸！」媽媽也是一直流淚，忽然西蒙想到什麼似的，他回頭問了年輕人：

「叔叔，您可以做我的爸爸嗎？」

年輕人沒回答，西蒙看他不回答，就說：「如果您不願意，我就去跳河！」

「哈哈！我當然願意！我願意！我願意做你的爸爸！」

西蒙又問：「叔叔，請問您叫什麼名字？」

「我叫菲利浦！」

「好的，菲利浦叔叔，從今天開始，你就是我的爸爸了！」

那年輕人把西蒙抱起來，親了他，然後才離開！

第二天西蒙去學校的時候，又被團團包圍，這一次他說：「我的爸爸叫做菲利浦。」大家笑成一團，「什麼菲利浦？哪裡弄來了一個菲利浦！太好笑！」

但是西蒙根本不理會。接下來的三個月，菲利浦不時去看看西蒙的媽媽，而西蒙則是開心地擁有一個新爸爸，常常在放學後找他去聊天散步！

然而，有一天，之前欺負西蒙的高個兒又來了，說：「你說謊，菲利浦根本不是你的爸爸！」

　　「為什麼？」西蒙問。

　　「因為他不是你媽媽的丈夫啊！」

　　西蒙低頭想一想：「這也有道理！」

　　於是放學後，他去找菲利浦，他說：「菲利浦叔叔，他們說，您不是我爸爸，因為您不是我媽媽的丈夫。」

　　菲利浦停了停，想了想，說：「孩子，你回去告訴媽媽，說今天晚上我會去找她談談！」

　　到了晚上，菲利浦真的來了，媽媽來開門，一時氣氛很尷尬，菲利浦鼓起勇氣說：「妳願意成為我的妻子嗎？」

　　這時候只聽到「砰」的一聲，屋子裡有人倒下，兩個大人連忙進去，原來是西蒙躺在床上。西蒙的媽媽抱著他，說了幾句悄悄話，接著菲利浦把他高高舉起說：

　　「以後我就是你的爸爸了，誰再敢欺負你，你就告訴他，我會去修理他！」

西蒙開心地笑了。

第二天西蒙去上學的時候，他在班上站起來，他對所有的人說：「菲利浦就是我爸爸，他說，誰再敢欺負我，他就要來修理他！」

大家都看到菲利浦又高大又強壯，有那麼一個爸爸，任何人都會感到驕傲的！

這是法國作家莫泊桑（Guy de Maupassant，1850-1893) 的短篇小說〈西蒙的爸爸〉(*Le Papa de Simon*)，出版於一八七九年，情節簡單卻道盡人間辛酸，真實的世界少有這麼美好的結局！西蒙是幸福的，他的人生因為有爸爸而圓滿，這個家從此充滿了歡笑。

文字活跳跳！

以後我就是你的爸爸了，
誰再敢欺負你，
你就告訴他，我會去修理他！

可愛的大玩偶

　　這天，宜蘭小鎮上忽然出現了一個小丑，他叫「坤樹」，他原來怎麼也找不到工作。但是妻子懷孕了，肚子一天天大起來，他必須有收入。

　　為了他的家，他決定犧牲色相，他穿上小丑的服裝，身體前後帶著廣告看板，當人體流動廣告，模仿國外電影上的「sandwich man」（三明治人，身前後各掛一片廣告看板，像三明治），他背上戲院的廣告牌，為電影院做宣傳。

　　坤樹的「上班」路線是從家門到火車站門口，他穿過小巷，跨越鐵道，來到火車站，手上搖著鈴鼓，吸引人們的注意，就是一個奇裝異服，製造噱頭。

　　由於木板沉重，他步履艱難地走在街上，因為臉

上塗著白粉，誇張的妝容加上汗水，他的臉常常糊成一團，就是一副滑稽的模樣，路邊的行人紛紛向他投來好奇與嘲諷的眼光。

然而，這一切都無所謂。為了他的家，為了他剛生下來的孩子阿龍，無論面對再多的嘲諷、再多的苦難，他都甘之如飴。

每天回家，他總是以小丑的扮相跟兒子玩，兒子還特別地愛他，直到有一天電影院通知他說：「我們要改變廣告方式，你不用再化妝了。」

戲院要他改踩三輪車的方式做廣告。

坤樹從此不用再化妝成小丑的模樣在街上走動了，也不必再忍受親友的數落與路人的鄙視，坤樹真的鬆了一口氣！

而就在這時，兩夫妻卻發現，兒子之前老要爸爸抱，現在卻是一見爸爸就嚎啕大哭，屢試不爽，坤樹非常頹喪，苦思不得其解，後來，他懂了……。

原來，坤樹每天一起來，就在臉上塗上濃濃的粉，打扮成小丑的模樣，晚上回家的時候，小孩也早就入睡，所以兒子從來沒有看過坤樹原來的模樣。

坤樹忽然明白過來，他坐到鏡子前面，再次拿起平常化妝的白粉在臉上塗抹了起來，因為，他知道這才是兒子認識的自己，而他就像是兒子的大玩偶。

走筆至此，想到這個初為人父的坤樹，為了兒子，不惜犧牲自己的形象，至終，他最愛的兒子卻完全不認識他了，多麼諷刺！深切的父愛在這一刻呈現得淋漓盡致。

《兒子的大玩偶》是黃春明先生的寫實小說作品，一九六九年出版，內容描寫了臺灣社會小人物的無奈與困境。

後來《兒子的大玩偶》在一九八〇年代被改編成電影，由吳念真改編劇本，由侯孝賢執導，於一九八三年登上大螢幕，迄今四十年，這個作品仍然在台灣電影史上舉足輕重。

文字活跳跳！

為了兒子，不惜犧牲自己的形象，
至終，他最愛的兒子卻完全不認識他了，多麼諷刺！
深切的父愛在這一刻呈現得淋漓盡致。

約克夏的黃昏

　　若有機會逛超市，可見冰櫃裡林林總總各式冷凍豬肉，排山倒海而來，現代人烹調選擇多又方便，很難想像早期台灣農村處處豬舍的盛況。那時養豬是最賺錢的事業，〈約克夏的黃昏〉這則短篇小說便以生動的方式，帶領讀者回到懷舊的年代。

　　作者鍾鐵民先生是客家文學代表作家，二〇一一年過世，享年七十歲。他是台灣文學名家鍾理和的長子，遺傳了父親優良文學基因。他的筆觸純樸，語調幽默，對農民、農村充滿了關懷之情，寫實和慧點就是他作品的特色。

　　〈約克夏的黃昏〉是鍾鐵民先生一九八二年發表的短篇寫實小說。故事中的主角是一隻純種約克夏公豬，專司傳宗接代，是從遙遠的英國渡海而來的種豬，已經走到人生和事業的「黃昏」。

這隻約克夏公豬常為主人「出勤」，與母豬交配，而且成果傲人，胎胎十二，隻隻順利，被美譽為「第一強」，大招牌就掛在豬舍前面，是主人的驕傲。

　　在那個年代，約克夏公豬代表的是繁榮富足，養豬事業如日中天，為主人賺進大把鈔票。然而隨著農村進步，養豬事業科技化，傳統養豬業便迅速式微，約克夏公豬也來到了牠人生的黃昏，牠說，主人或許還有感情因素，常看著牠搖頭，雙方都明白過去的輝煌歲月已經消逝了。

　　文中最具笑點的敘述莫如約克夏公豬第一次出勤，看到牠的對手，那是一隻桃園來的本地母豬。

　　如果以我的審美觀點來看，這隻本地種母豬實在醜陋不堪，肥額大耳，彎腮垂肚，從側面看過去，就活像一個大凹字。全身烏皮黑毛髒兮兮的，而且滿臉皺紋。據說選購這種母豬，面孔越醜越好，如果這個條件確實，眼前的這隻母豬可以稱得上是上上之選了。

　　更有趣的是這隻約克夏公豬不但通曉人情世故，還能欣賞里長伯的電視節目，聽得懂新聞，這就是作者之文字魔力了。

里長伯的電視聲音經常開得很大，只是我平常對電視節目很挑剔，除非是張麗明唱歌那種嬌嬌的聲音或是什麼的，我就寧可把腳伸得直直讓自己舒服地入夢。

這段新聞所以能在我全心品嚐晚餐的滋味的當兒，突然刺激我的神經，引起我的注意，當然是因為它談到了豬肉外銷的消息，這件事與我關係重大，甚至可能決定我們事業的存續。新聞就這麼多，接下去是波蘭政官鎮壓工聯的消息，與我無涉，於是我又專心大嚼進食。

感謝里長伯，給了我們些許生活上的樂趣，尤其在這段慘淡生活中間，日子相當乏味。我知道，待會兒晚餐過後，又有哭哭鬧鬧頗對我輩胃口的連續劇故事可以解憂排悶了。

鍾鐵民的〈約克夏的黃昏〉寫活了一隻公豬的驕傲與悲哀，見證了社會變遷史。

李爾王的期末考

這一天李爾王（King Lear）要準備退位了，他有三個女兒，為了未來分配國土，他先來給這三姐妹一個「期末考」，看看誰最愛他，就分給她面積最大的國土。

大女兒說得是天花亂墜，老爸爸心花怒放；二女兒也不是省油的燈，也是巧言令色。

接著問老三：「老爸平常很愛妳哦！妳說說看，妳要怎麼愛我呀？」

小妹坐在一旁，想著：「大姐、二姐這兩個人平常就不是這德性，說得那麼噁心，我才不要跟妳們一樣阿諛奉承呢！」

她就說：「親愛的爸爸，我對您的愛，就是一個女兒對父親的尊重與愛，不多也不少！」

「什麼意思？」老爸爸一聽，「就這樣？」

老三說：「對，就這樣！」

老爸一整個抓狂：「我平常這麼寵愛妳，妳竟然對我如此冷漠！好，妳給我滾！驅逐出境。」小妹被趕走了，老大跟老二露出了勝利的笑容。

李爾王預備要享受含飴弄孫之樂，他把國土分完了，首先來到了大女兒家，他帶著一百個隨從，想著：「大女兒一定會預備豐盛的宴席，帶著燦爛的笑容迎接我。」

誰知一進門，大女兒不理不睬，要吃飯就裝病，要說話就躲進房間裡，傻眼的老爸說：「妳不是說很愛我嗎？怎麼會這種表現呢？」

幾天後，大女兒終於下逐客令：「老爸爸，您那一百個隨從啊，在我這裡太吵了、太煩了，您帶著他們走吧！」

爸爸一聽，說：「天哪，妳有好處的時候，就說愛我愛上了天，現在是個什麼狀況？好，我走，還好我有二女兒。」

於是李爾王帶著一百個隨從往二女兒家去。老大馬上寫信告訴妹妹說：「老爸正往你家去，給他點顏色瞧瞧！」

爸爸來到了二女兒的家，心想：「會有豐盛的宴席、燦爛的笑容迎接我吧！」不，她說：「我跟先生剛剛度假回來，很累耶，我沒有心思招待您，您就好自為之吧！」

老爸心都涼了一半，「妳不是說愛我的嗎？」

有一天，二女兒終於出現了，說：「爸爸，您別想太多了，你那一百個隨從改成五十個好了，哎，減成二十五，唉唷！煩都煩死了！」

此時大女兒一起趕到，兩人窮凶惡極、惡形惡狀地對待老爸，老爸一整個瘋狂，衝出宮門，外面正是狂風暴雨，女兒們說：「就由他自生自滅吧！」

隔海的那一端，小女兒被驅逐之後，嫁給了法國國王，她聽到姐姐們如何對待老爸，心裡非常傷痛，起兵攻打英國，只是兵敗如山倒，她自己也被處極刑。行刑後，爸爸抱起她說：「哎，原來妳才是最孝順我的女兒！我錯了！」

這是莎士比亞的作品《李爾王》（*King Lear*），是一部非常偉大的戲劇作品。這樣的例子放在今天，我們竟然也不覺得奇怪，我們常常耳聞這樣的悲劇，還好我還聽到了一些正面的例子。

記得我家住直潭的時候，因為班車有限，有時有急事需要叫計程車。記得有一天我認識了一位王老伯，他說：「我有三個女兒，老婆早就不在了，可是三個女兒結婚之後，都孝順我。」

「老三搬到我附近，常常偷偷來檢查老爸爸需要什麼，就偷偷地補上。我特別記得是有一年冬天，她買了一條棉褲給我，知道我開車會冷，哎呀，我直暖和到了心窩！老二天天來給我做早餐晚餐，老大這就生氣了，吼著說：『事情都給妳們做完了，我還能做什麼？我不能輸妳們，我負責洗爸爸的衣服，你們都不要跟我搶！』」

他們在比賽孝順，聽到這樣的例子實在是令人振奮！讓我們比賽孝順，顛覆李爾王的悲劇。

文字活跳跳！

絕望谷邊緣

　　每一對戀人都有過這樣的片刻，在那一刻裡，時間是靜止的，心頭是狂亂的，整個世界燃燒著，眼前一片漆黑，腳底是懸崖，這就是有名的「絕望谷」，許多人在此摔得粉碎，當然，也有人倖免於難，逃過一劫。

　　吵架、冷戰、衝突，眼淚、嘆息、絕望，這一切的一切，都來自於絕望谷。

　　絕望谷，多麼危險的地方，多少戀人的傷心處。我想起諾貝爾文學獎得主以撒辛格（Issac Bashevis Singer，1902-1991）的一篇短篇小說，篇名為〈妒〉，其中提到葛里是一位離了婚的男人，他的妻子離他而去與另一個男人結婚，並且帶走他們唯一的兒子司克浦。

　　葛里為此消沉了好幾年，一直走不出痛苦的陰霾，直到珍出現，他們是在買東西的時候偶然認識的。珍看

出這個男人的苦境，出於憐愛，她三番兩次邀請他吃飯，葛里起初拒絕，後來才願意，珍用耐心與愛心關懷這個失婚的男人，她說她就是不由自主地想要幫助他！

後來，葛里與珍結婚了，他不再是個痛苦的靈魂了，珍為他生了一對雙胞胎兒子，他們的生活過得滿足而快樂。但這一天，葛里忽然間接到一個電話，是他的前妻打來的，她說她的丈夫死了，她帶著兒子又找不到工作，可否把兒子寄放在葛里家，珍知道之後，儘管再不願意，為了葛里，她還是接納了葛里與前妻的兒子司克浦。

當珍看見葛里的前妻時，她心裡充滿了複雜的情緒，她覺得他前妻愛德絲比自己還要好看，她甚至聞到愛德絲身上比玫瑰還要濃郁的香味，而看起來，葛里是期待自己幫助她的，於是她寬宏大量地接待了這對落難的母子。

之後，愛德絲就出去找房子住，並且找工作，珍帶著三個男孩，照顧他們。有一天，她注意到家裡的金錢支出出現異樣，一筆支出日期是愛德絲來的第二天，另一筆是兩個月之後，她起了疑心，想為什麼葛里不告訴她呢？

後來，有一天，從司克浦的口裡得知，愛德絲已經找到了工作，珍鬆了一口氣，她想愛德絲大概很快地就

會把兒子帶走了。誰知，再過幾天，天氣正好，珍帶著三個男孩，想去動物園玩，她需要車子，而葛里把車開到店裡去了，她只有拖著三個孩子到店裡去找他。

珍很少到店裡去，但是她每次去，她都覺得那家店是整個城裡最漂亮、最輝煌的一家店鋪了，她心裡總是充滿了驕傲。

但此時，她站在店鋪前面，心中卻再也沒有別的情緒，她看見她的丈夫葛里正站在店鋪前面，看著愛德絲核對帳單。

一陣痛苦的浪潮掠過珍的心頭，原來愛德絲找到的工作就在這裡，葛里安排她在他自己的店裡工作，而葛里竟然沒有告訴她！

珍愣住了，凝視著前方，葛里發現了她，匆忙地對她說：「珍，我一會兒就來！」

珍立刻掉頭，叫司克浦跟著走，她一手拉著一個兒子快速離開，往家裡跑。

他們一到家，電話鈴就響了！是葛里打來的，他說：「珍，怎麼回事？妳為什麼不等我一下？」

珍冷冷地答道：「我只是偶然去看一下，沒有甚麼重要的事要麻煩你！」

葛里繼續說：「我想你是因為看到愛德絲在我店裡工作而不高興吧？」

珍的一顆心怦怦地跳動著，說：「你為什麼不跟我說呢？」

葛里繼續說：「愛德絲怎麼努力也找不到工作，因為她沒有工作經驗，我把她安插在店裡，這樣她的生活會好過一點！」

珍問：「她在那裡多久了？」

葛里答：「兩個禮拜了！」

兩個禮拜了，珍完全無法想像，長達十四天，她的丈夫天天和他的前妻朝夕相處！他們會不會早就舊情復燃？珍答：「好的！葛里！再見！」

一時之間，珍覺得愛德絲要把她的丈夫奪去了，忽然間，她心裡的憤怒比恐懼和嫉妒還要高漲，她覺得自己是太溫柔了、太謙卑了，以至於竟然容許葛里的前妻進入他們的生活。

在怒火中，她衝進司克浦的房間，把他的衣物塞進他的舊皮箱裡，之後，又開始收拾葛里的貼身衣物，也整理好一個行李箱，把兩個箱子都放在門口，好讓葛里一回來就可以看見，珍要他把兒子一起帶走！

這時，司克浦看見了他的皮箱，不解地問珍：「我要離開這裡嗎？」

珍答：「不只是你，還有你父親！但我想，你們不會去太遠的！」

司克浦卻說：「我不想去！除非妳也去！還有我確定，我父親他也不會想離開的，我前天問他說：『爸爸，有一天你會離開我嗎？』他回答我說：『孩子，我不知道，但是我確定的是，我絕對不會離開珍的，她在哪裡，我就在哪裡！』」

司克浦的一番話打醒了珍，她跪下來，流著淚對他說：「我很高興你告訴我這件事！」

然後，低聲對自己說：「我幾乎做了一件可怕的錯事！」

接著珍趕緊把行李箱打開，將所有的衣物歸位。

葛里比平常更早下班，一進門就對孩子們說：「孩子們！這麼好的天氣，我想帶你們去動物園！只是不知道媽媽願不願意去？」

　　珍心裡慶幸她沒有鑄成大錯，要是葛里進門看見那些行李箱，情況就大不相同了！

　　前往動物園的途中，他們經過了葛里的店鋪，葛里對珍說：「我已經和另一家店的老闆講好了，只要愛德絲完成她的訓練，就可以到他那裡上班了！我是不得已將她安排在店裡，免得她一直跟我們借錢！」

　　珍只覺一陣虛弱，她問：「那你為甚麼不早點告訴我呢？」

　　葛里答：「是愛德絲請求我不要告訴妳的，她說她怕妳知道以後，就會要她把司克浦帶走的！我猜想她遲早是要結婚的，帶著一個孩子總是不方便！」

　　珍睜開眼睛，看眼前的世界，她覺得這世界從來沒有這麼美麗過，她愉快地對葛里說：「其實，愛德絲不用擔心，只要她允許，我很願意照顧司克浦的！」

　　「親愛的，我就是這麼告訴她的！」葛里臉上顯出安慰的神情，如此說道。

珍險些跌進絕望谷，她緊急煞車了，在最後一秒，她做了一個明智的決定，那就是她決定用信任與愛來面對她的丈夫。若她以憤怒與狂暴來解決，很有可能就把自己的丈夫往外推了，到頭來，痛苦的是自己，可憐的是孩子，一個美滿的家就這麼破碎了，多麼可惜！

　　戀愛中的男女，婚姻中的雙方，小心絕望谷，千萬別一失足成千古恨！

許險些跌進絕望谷，她緊急煞車了，
在最後一秒，她做了一個明智的決定，
那就是她決定用信任與愛來面對她的丈夫。

黛絲姑娘的貴族血統

　　黛絲（Tess）是個標緻的女孩，她單純、善良、天真、活潑，但她的家境並不富裕。

　　黛絲的父親從一位考古學家的研究，發現他們與某個貴族有些淵源，在極其卑賤之間，他們忽然間發現了自己的高貴！

　　考古學家說：「根據考證，杜伯家族可是大有來頭，『杜伯』這個姓在以前是貴族，家大業大，只是現在沒落了，什麼實質的好處都沒有了，只存個空殼子名位。」

　　而這天黛絲剛從外面回來！她參加了一個舞會，在舞會上，她邂逅了她這一生中最重要的人，但卻擦身而過，那個男孩叫做哈利，他邀請她跳舞，她害羞地拒

絕了他，從此兩條生命線分開進行。黛絲因為父母的虛榮，一步步走向悲劇，直到他們兩人再相遇，黛絲已經歷盡滄桑。

當黛絲的父親知道自己的身分時，他簡直是不可一世，甚至是狂妄起來！他甚至覺得他若像平常一樣走路回家，那是有失身分的！

所以他打腫臉充胖子，特地叫了車子載他回家。他喝得酩酊大醉，導致次日無法工作，黛絲身為長女，懂事的她自然擔起這個擔子。

黛絲清晨即起，帶著弟弟，牽出家裡唯一的一匹馬，坐上破馬車，就往城裡出發了！他們做的是蜂蜜生意，必須抓住時機銷售，一過時節，乏人問津，一切努力就白費了！

路上，弟弟忍不住問起昨晚爸媽所談的，什麼「希望讓黛絲去認那門貴族親戚」這件事，據說對方非常富有，說不定會幫她找到有身分、有地位的對象。黛絲甩甩頭，她才不想！她最恨攀權附貴，說時遲那時快，因著這事，黛絲一分心，迎面撞上了對面的郵車，他們那匹馬應聲倒地，現場一片零亂。

黛絲想：「完了！」這匹老馬是家裡唯一的交通用具，也是他們的生財工具，這下可好，他們家會比以前更貧窮了！

　　事情處理完畢，歉疚的黛絲只好接受父母的安排，到那個所謂貴族親戚家杜伯菲爾莊園去依親，說來可笑，這個所謂他們的親戚其實根本就是個冒牌貨，跟他們毫無關連，只是某個聲名狼藉的暴發戶，逃到這一帶想掩人耳目，便從圖書館的老舊資料裡挑個已經沒落的貴族姓氏冒用，就這麼住下來，還頗受周圍鄰里敬重呢！

　　黛絲這天來到了杜伯菲爾莊園，迎面來了一個男人，他的嘴形難看，嘴上還有髭毛，看似狡詐猥褻的樣子！他自稱是杜伯的兒子，名叫亞歷，他對眼前的黛絲甜言蜜語，極盡討好之能事，「表妹」長、「表妹」短的，黛絲好不自在，她只想逃走！

　　後來亞歷為黛絲安排了看管雞場的工作，好靠近自己，近水樓臺。黛絲雖然知道，但是因為經濟需要，也只有硬著頭皮接受了這份工作，她的父母幾乎是祈求她一般，想藉著她改變現況、脫離貧窮！

　　一個無人的黃昏，亞歷藉故帶黛絲到處兜風，他騎馬載著她，直往偏僻的森林深處，夜深人靜的時候，他誘姦了她，任憑她叫破喉嚨，也無人應答、無人相救！

天真純潔的黛絲從來不知男人的危險，她失去了童貞，羞愧地回到家裡，不久竟發現自己懷孕了，她躲躲藏藏地把孩子生下來，但那孩子不久就夭折了！

　　年紀輕輕的黛絲遭遇了如此巨大的人生風暴，心灰意冷、生不如死！經過了好些日子，才稍稍平復，她想起家裡的經濟，不得不趕緊出去找工作，而那時正好是擠牛奶的時期，她好不容易在遠方某個村莊裡，找到了擠牛奶的工作。

　　在那裡，她遇見了哈利，他主動追求她，她也喜歡他，只是她自慚形穢，不敢接受他的愛，但他實在是太愛她了，他的愛讓她太感動，她終於接受了他的求婚。

　　結婚之前，黛絲百般嘗試，想告訴哈利她並非處女，但哈利太愛她了，連一點機會也不給她，他急於表達他的愛意。

　　結婚的日子終於到了，他倆在眾人的見證下互結連理，在那神聖的一刻，黛絲忘記她過去所有的痛苦，只單純把自己交付給自己最深愛的人！

　　新婚之夜，黛絲提起她想要表白的事，她覺得哈利太好，她不忍欺騙他。誰想到哈利說他也有祕密。

於是兩人打開心房說真心話，哈利說他年輕時荒唐過，曾經在四十八小時之間與一個女人廝混，他祈求黛絲的原諒，黛絲當然立刻包容。

接著她說出她過去曾經因為依親之故，被一個男人誘姦的事，哈利聽了，整個人愣住了，他完完全全無法接受，他開了門出去，黛絲追出去，但怎麼也無法挽回他的心。次日，哈利提出兩人分開一段時間，他需要安靜。

黛絲無奈地回到娘家，母親察覺異狀，黛絲這才說出實情，她如願嫁給了她最愛的男人，卻因過去的汙點無法得到對方的諒解，哈利已經離她而去了。

這之後的日子，亞歷不斷來騷擾，直到黛絲家裡經濟再次崩盤，急需援助，黛絲走投無路，亞歷又極力地說服黛絲說，她的哈利永遠不會回來了，還不如嫁給他。黛絲終於是敵不過惡劣的環境，再次將自己交給她最痛恨的男人，她嫁給了亞歷。

不久，哈利從遠方回來了，他說他想通了，他要找回黛絲，他要好好愛她，幾經輾轉，他找到了黛絲，但黛絲已經嫁作人婦，哈利受到極大的打擊。

當黛絲見到他時，傷心地說：「太晚了！太晚了！你為什麼不早點回來呢？為什麼？」

　　黯然離去的哈利還未走遠，亞歷的鄰家傳來可怕的消息，他們發現亞歷被黛絲用刀殺死了，他躺在血泊裡，而黛絲喃喃自語道：「他害得我好慘、好慘！他還罵我的哈利，罵我的愛人，我終於忍不住把他殺了！」

　　《黛絲姑娘》這個故事的結局是哈利陪著黛絲一起逃跑，雖然法網恢恢，黛絲終究逃不過法律制裁，但在這一刻，這對戀人是自由的，他們的愛情使他們幸福，即使這一刻是如此短暫……。

　　貴族有貴族的驕傲，世家有世家的眼光，而愛情，一旦沾染上這些世俗，就難有幸福。黛絲本來可以像一般女孩一樣，嫁給心上人，享受愛情的美好，卻因父母的虛榮而毀了這一切。

　　愛情！愛情！愛情是世間最純淨的禮物，它超越家世，超越金錢，超越所有世俗的價值觀，它只在於兩顆心，兩顆純潔的心，心心相印，這就是天底下最高級的幸福了！

貴族有貴族的驕傲，世家有世家的眼光，
而愛情，一旦沾染上這些世俗，
就難有幸福。

百年解密牛津大字典

　　《牛津大字典》，這是人類文明史上重量級的成就，其背後卻有著神祕卻悲慘的一段故事。二〇一九年，這本書的編纂過程故事被改編，搬上了大銀幕，就是《牛津解密》（*The Professor and the Madman*）這部電影，由知名的演員梅爾吉勃遜（Mel Gibson）跟西恩潘（Sean Justin Penn）聯手演出。

　　話說莫瑞教授（梅爾吉勃遜飾）接下了大字典的編纂工作，但是這個工作實在是太浩大，估計要一百年才能完成，於是他想到了一個點子，他向全天下廣發英雄帖，徵求志工，而在過程當中他發現了一個人，就是麥納醫生（西恩潘飾），這個人所貢獻的內容，遠遠地超過其他專業的語言學者。

　　而令他驚訝的是，當他們要向他致敬感謝的時候，竟然發現了一個驚人的真相，原來這位麥納醫生，這位美國人，是耶魯大學的高材生，他在美國南北戰爭的時

候，是北方的軍醫，被要求在逃兵的臉上烙印「D」這個字母，那是他的工作之一。

他非常地痛苦自責，他不願意做，但是沒有辦法，所以罹患了一種創傷後遺症，他總是幻想那些人會來復仇，他非常非常地困擾，為了逃避這種困擾，他從美國特地搬到了英國，期待讓自己有一個全新的開始。

這天他又發作了，他誤殺了一個工人，法院判定麥納醫生有精神異常的問題，所以無罪開釋，但是他必須終身被監禁在精神病院。

事實上，清醒時的麥納醫生沒有任何的暴力傾向，他溫文儒雅、博學多聞，父母都是宣教士，他自己也是虔誠的基督徒，完全無害。

美國大使館的人員也知道這點，就希望特別關照他，所以讓他有一間獨立的房間，還有一間書房。

當然，麥納醫生也從美國把他的藏書運來，他也不斷地訂購新書，他的生活就是天天與書為伍，就這樣過了九年。

某一天，他在新書裡面發現了一張招募志工的廣告單，他欣喜若狂，決定全心投入，他覺得他的人生有了意義和方向。

到了一八九七年，也就是當時英國維多利亞女王登基六十年的歡慶晚宴上，莫瑞教授要把《牛津大字典》的部分完成品當作賀禮送給女王，這在當時文化界可說是一件大事。

　　莫瑞教授致詞的時候說：「關於這本字典，過去十八年編纂過程中，幕後最大功臣其實是麥納醫生。」

　　然而那個時候，社會上輿論四起，波濤洶湧。《牛津大字典》編委會中，不少人強烈抗議在編輯名單裡面有麥納醫生，因為他們認為他是精神病，他曾經是殺人犯。

　　其實，麥納醫生是那個大時代悲劇下的犧牲品，戰爭毀了他的人生，他一直活在死亡的陰影裡。然而他並未自暴自棄，在囚禁的日子裡，他不斷博覽群書、查考典籍，他貢獻所長，完成了這偉大不凡的工作。

　　直到今天，當我們翻閱字典或是使用線上資源的時候，我們都還在享受麥納醫生智慧的果實以及生命的貢獻，百年回首，他人生的價值是無以倫比的！

文字活跳跳！

當我們翻閱字典或是使用線上資源的時候，
我們都還在享受麥納醫生智慧的果實以及生命的貢獻，
百年回首，
他人生的價值是無以倫比的！

我要你身上的一磅肉

一個寬大仁慈的人和一個錙銖必較的人，這兩種人的人際關係、人生樣貌究竟有甚麼差別呢？

四百多年前，英國劇作家莎士比亞曾寫過一部戲劇作品《威尼斯商人》（*The Merchant of Venice*）這是一部諷刺性的喜劇，大約成於一五九六至一五九七年之間。

兩位主角都是威尼斯商人，其中安東尼奧（Antonio）是一個心腸仁慈的人，他熱心公益，有情有義，經營海外貿易並擁有巨資，是當地人氣最高的威尼斯商人，他借貸與人，從不取利。

相反地，另一位，夏洛克（Shylock）卻是一毛不拔的守財奴，人稱鐵石心腸、毫無憐憫、不近人情。他以放高利貸維生，陰險多有詭計，大家都討厭他，他窮得只剩下錢。

他心裡面最恨的人就是安東尼奧。因為安東尼奧借錢給人不要利息，他則以放高利貸賺錢，大家當然都喜歡安東尼奧，鄙夷夏洛克，這是為甚麼夏洛克心中參雜著忌妒、爭競、不悅、仇恨，總想找機會修理安東尼奧。

　　這一天，安東尼奧的好朋友巴薩尼奧（Bassanio）要向美麗的波西亞（Portia）求婚，需要三千塊金幣，可是他沒有現金，於是來跟安東尼奧借錢。安東尼奧對朋友絕對兩肋插刀，他一口答應。好朋友倒是遲疑了，他知道安東尼奧已無餘錢，他的商船在海上還未回航。

　　安東尼奧完全不在意，他立刻行動，向夏洛克借三千塊金幣，以商船為抵押品，把現金交給好朋友，讓他高高興興求親去。

　　夏洛克表面不要求利息，實則設下陷阱，伺機報復。他要求安東尼奧簽下一份嚴屬的契約：若無法還錢，就割下自己的一磅肉抵債，夏洛克根本就是要安東尼奧的命。

　　誰知安東尼奧的商船在海上遇險，無法如期還款，這下可慘了，他被夏洛克一狀告上了法庭。雙方來到威尼斯法庭，夏洛克斬釘截鐵地拒絕和解，堅決按照借據條款，從安東尼奧身上割下一磅肉，這時整個劇情達到最高潮。

在此之前，安東尼奧曾急促地寫信給巴薩尼奧，信中說明了他的商船行蹤不明，他就要遭到夏洛克索取一磅肉的懲罰，因這一磅肉可能會導致他的性命不保，所以，他希望見到巴薩尼奧最後一面。

聽到這個消息，巴薩尼奧這好朋友，當然趕緊奔回威尼斯。同時，他的未婚妻波西亞偷偷地化裝成律師，也跟着前往營救安東尼奧。

就在這千鈞一髮之際，有人大呼：「等一下！」

一位才貌雙全、學富五車的法學博士來到了法庭，她說，按照借據，當然要割肉，而且就是一磅肉。表面上是在幫夏洛克，重點是下一句：「請問你，夏洛克，你取一磅肉的同時，不能流一滴血，而且一磅肉必須精準一磅肉，不能多也不能少，你辦得到嗎？」夏洛克臉色大變，他自然辦不到「取肉不流血，正好一磅肉」這件事！聰慧的波西亞運用機智救了丈夫好友的性命。

兩個威尼斯商人，兩種思維價值，兩種胸懷格局，帶出了完全不同的人生。

文字活跳跳！

尼羅河謀殺案

琳妮（Linnet），是個漂亮的年輕女孩，才二十歲，她繼承了大筆財富，最近她結婚了，丈夫英俊帥氣，他們正在度蜜月，這一切都太美好了、太幸福了！

但是，有人刻意跟蹤，這叫人多麼不安！

原來事情是這樣的：琳妮與賈姬（Jackie）本來是閨密，有一天賈姬來找琳妮，一臉燦爛的笑容說自己要結婚了，為求安定，可不可給她的未婚夫賽門（Simon）一個工作，誰知這一牽線介紹，賽門竟然一見鍾情，愛上了琳妮，兩人陷入熱戀，一個半月後高調結婚，賈姬痛不欲生，伺機報復。

賽門與琳妮夫婦前往埃及度蜜月，同行的還有僕人、好友、醫生、律師、親戚等等，一行人慶祝他們的新婚。但可怕的是，賈姬像是幽靈一般，出沒無常，而世界級的偵探白羅（Poirot）恰巧也在這時候到此一遊，

看來他真是倒了八輩子楣，也被捲了進去。琳妮私下找他接下這案子，一定要制止賈姬的瘋狂，白羅也努力說服賈姬，但是賈姬拒絕放棄，還秀出一把迷你手槍，面露凶光，就是要弄個你死我活才甘願。

埃及風光明媚，處處古蹟，這個祝福新婚的觀光旅遊團，豪奢的行程、貴族式的休閒，令人咋舌。

琳妮似乎完全沉浸在愛情的糖罐裡，而且她要有多少錢就有多少錢，她是當時全英國最富有的小姐。蜜月似乎甜蜜，party 似乎奢華，尼羅河上風光無限，船上就是豪宅。

但是她的心裡卻沒有平安，分分秒秒都擔心自己的生命安全，深怕被人暗殺。她明明知道自己搶了別人的丈夫，她橫刀奪愛！

果然這一晚，深深的午夜時分，她被人暗殺了，子彈穿過她的太陽穴，當場斃命，那美麗的面龐依舊那麼動人，然而她已經香消玉殞！

白羅立刻展開調查，船上人人都有嫌疑，個個都像凶手，抽絲剝繭，約談審問，一刻也不得閒。但是謀殺並沒有停止，接二連三又出人命，這個案子越來越棘手，誰才是真正的凶手？

這是二〇二二年美國好萊塢火紅電影《尼羅河謀殺案》（*Death on the Nile*）的精彩情節，原作者阿嘉莎・克莉絲蒂（Dame Agatha Mary Clarissa Christie，1890-1976）被稱為「謀殺天后」（Queen of Crime），她的作品長銷又暢銷，按照金氏世界紀錄統計，她是人類史上最暢銷的作家，若計算她所有形式的著作，只有聖經與莎士比亞作品之總銷售量勝過她。

　　如果人生有清單可選：美麗英俊、金錢財富、青春洋溢、美滿婚姻、環遊世界等等，這每一項我們可能都要，但當我們擁有這一切，卻失去了平安，一切都落空了，正如女主角琳妮所說：「當你有錢的時候，你就不再有真正的朋友了。」

　　案情仍然膠著，凶手究竟是誰？讓我們跟白羅一起辦案吧！

文字活跳跳！

綠燈之夢

　　《大亨小傳》（*The Great Gatsby*），是美國作家費茲傑羅（Francis Scott Key Fitzgerald，1896-1940）所寫的一部作品。以二十世紀二〇年代紐約市及長島為背景的短篇小說，出版於一九二五年，是一部美國文學經典作品，後來還成為美國各高中、大學文學課程重要教材。

　　蓋茨比（Gatsby）是一個年輕的百萬富翁，沒人知道他是怎樣發財的。他舉辦豪華宴會，賓客滿座，而且許多人士不請自來，但他始終是一個孤獨的人。

　　他在第一次世界大戰之前遇見黛西（Daisy），當時黛西十八歲，是當時南方路易維爾那一帶最漂亮的一個女孩，她愛穿白洋裝、開白跑車，當他們兩人相遇之

後，便迅速墜入了愛河，並且互許終身，要不是因為戰事，他們是可以互結連理的。

蓋茨比後來提到他在部隊臨行前，曾把黛西抱在懷裡，兩個人默默地坐整個下午。那個秋日的午後，他永遠也忘不掉，那半天的廝守是他們相愛以來最深刻的親密時光，那種心心相印的愛情是刻骨銘心的。但世事就是如此，兩個相愛的人活活被拆散。

之後，美麗的黛西身邊不乏追求者，而蓋茨比音訊全無，直到黛西的家人不能再等時，他們為黛西安排了婚事，嫁給一位百萬富翁。黛西在婚禮前一天收到了蓋茨比的來信，但是，一切都已經來不及了，她哭了又哭，把蓋茨比的信緊緊握在手裡，恨不得一切回到原點。

次日的婚禮照常舉行，黛西與湯姆結婚了，婚後他們生了一個女兒。而蓋茨比也回來了，他忘不掉黛西，他拼命賺錢，後來在黛西家的海灣對岸買下了一幢豪宅，派頭十足、夜夜笙歌，但她卻從來沒有來過。

黛西的碼頭有一盞綠燈，蓋茨比天天遙望著那盞綠燈，思念著黛西，直到得知黛西的表哥尼克剛好租屋在他隔壁，於是央求尼克刻意安排一次相會，讓兩人可以再相會。

那天下午，蓋茨比西裝畢挺、神經緊張，帶來了滿屋子的花，等待黛西的到來。

　　終於四點整，黛西來了，蓋茨比的鄰居尼克識相地躲開，讓兩人獨處，蓋茨比與黛西終於可以一解相思之苦，尤其是蓋茨比，他從戰場回來之後，曾四處尋找黛西，注意地方報紙，蒐集黛西的動態。後來知道她結婚了，痛楚之餘，他卻始終沒有放棄，他愛這個女孩，視為他一生的愛人，她不但是他的夢中情人，更是他所有生存的意義。

　　然而黛西已經是有夫之婦，但蓋茨比不管，他決定爭取黛西的愛，帶她回到家鄉，與她結婚，重新開始。

　　而此時黛西與湯姆的婚姻也亮起了紅燈，湯姆在外面有個情婦，黛西已經起疑心。湯姆的情婦叫莫朵，她的丈夫開了一間修車廠，就在長島和紐約市之間。湯姆常常藉故到紐約辦事，其實是帶他的情婦到紐約狂歡。

　　這一天，蓋茨比邀請湯姆與黛西到他的豪宅裡參加舞會，過程之中，湯姆看出蓋茨比與他的妻子交情匪淺，妒由心生。次日，蓋茨比到黛西家作客，一群人又起鬨到紐約市去玩，湯姆一時興起，建議和蓋茨比換車，由他來開蓋茨比的黃色跑車，於是一夥人浩浩蕩蕩

往紐約前進，當然，他們也經過了莫朵先生的修車廠，莫朵目睹情夫湯姆開著黃色跑車呼嘯而過。

誰知大家在紐約喝酒作樂之後，一切的假面具全卸下了，湯姆向蓋茨比質問：「你跑到我家來，究竟想做甚麼？」

蓋茨比也不甘示弱，直言：「你的太太根本不愛你，她愛的是我，只是當時她等不到我，所以嫁給你。不信你問她，她愛不愛你？」

湯姆一時惱羞成怒，誓言他們兩人也是兩情相悅，因相愛而結合的，蓋茨比嗤之以鼻，於是這一來一往，兩人幾乎打了起來。黛西幾次阻擋，最後乾脆決定打道回府，蓋茨比帶著黛西，開他自己的黃色跑車，湯姆開他的藍車。

回程中，黛西一時興起，她說她想開車，蓋茨比就讓黛西開，就在接近莫朵家時，只見一個女人衝出來攔車，黛西煞車不及，就把她撞倒了，黛西因為心虛，加足馬力疾駛而去。不久，湯姆的車到達，出事地點已經有許多人圍觀，警察正在處理，嘗試找出肇事者，當湯姆發現死者是莫朵時，他心裡已經有數。

很快地，警察鎖定是一部黃色跑車，循線偵查，他們找上了蓋茨比，蓋茨比因為愛黛西，他一肩扛起責任，坦承人是他撞的。

　　莫朵的丈夫，一個修車黑手，當他知道蓋茨比是凶手時，不由分說，衝進蓋茨比的大宅裡，一槍把他打死。

　　蓋茨比的葬禮幾乎無人參加，就連黛西也沒有參加。湯姆和黛西離家遠遊，沒有人知道他們去了哪裡，蓋茨比的豪宅空蕩蕩的，留下的只有夢幻的破滅與無盡的哀傷。

悲慘世界可憐人

　　小外甥餓極了，哭得死去活來，這不是第一次了，舅舅立刻奪門而出，到了街角一家麵包店，他衝進去，拿了一條麵包就往外跑，下一幕，就看見他被活逮。這人叫尚萬強（Jean Valjean），他被扭送警察局，送進監獄，判刑五年，他不甘願，一直要越獄，被抓回，再逃，被抓，於是他的刑期延長成為十九年。

　　十九年後，他被放出來了。拿著一張黃單子，代表他是前科犯，他被每一家旅店殘酷地拒絕，尤其他骯髒猙獰的模樣，每個人都逃得遠遠的。他露宿街頭，又餓又累，覺得自己像無家可歸的野狗，心裡充滿了痛苦與憤怒。

　　這時，一個老太太指著前面一扇門，說：「你何不去試試那家，那扇門永遠是開的。」

那就是主教的家，主教正準備吃晚飯，僕人報告說，來了一個像強盜的怪人，主教說：「請他進來。」

　　主教熱誠地招待他吃飯，又交代僕人預備溫暖舒服的床鋪。這個晚上，是尚萬強十九年來睡得最舒適的一晚了。

　　但他一直忘不了昨晚餐桌上的銀盤子，清晨，他起來偷了那些銀盤子就走，不久就被憲兵逮住，抓來跟主教對質，誰知道主教一見他，立刻主動說：「朋友，我送給你的銀燭臺，你忘了帶走！」

　　轉身對憲兵說：「他是不是說這些都是我送他的？他說的是真話！」

　　憲兵一聽，立正行禮，說：「沒事了，主教！」他們立刻告退。

　　回頭，主教對尚萬強輕聲說：「去變賣這些銀器，做一個正正當當的人！」

　　尚萬強像是被雷打到，從來沒有人這樣對待他，這麼仁慈、這麼慷慨，他決定重新做人。

這是十九世界法國大文豪雨果（Victor Marie Hugo，1802-1885）的代表作《悲慘世界》（*Les Misérables*），意思是「可憐的人們」。

尚萬強改邪歸正之後，發憤圖強，建立了一家工廠，為當地人創造許多就業機會，那一帶進步繁榮起來。又因他熱心公益，道德高尚，被選為市長，為「馬德廉市長」，他常常口袋裡裝滿金幣銀幣出門，遇到貧窮人，就送給他們，此外又大量資助醫院和學校，大家都稱他為「慈善家馬德廉」。

在他的工廠裡有一個女工叫芳婷（Fantine），她被人始亂終棄，生了一個女兒，但她無法獨自撫養，只好將女兒珂賽特（Cosette）寄人籬下，她賺錢給撫養費，誰知那竟是一家黑店，老闆和老闆娘表面有愛，其實貪婪凶狠。

這天，芳婷被人密告有私生子，工廠的工頭開除了她。市長並不知情。

芳婷沒工作、沒收入，黑店老闆又不斷來信要錢，她只有出賣自己的門牙、頭髮甚至肉體，淪為妓女賺錢。

真實的情況是這家黑店謊報珂賽特生病，其實天天在虐待她。

馬德廉市長得知芳婷狀況之後，立刻前往處理，芳婷被人欺負，就要被關監牢，市長救了她，但她肺癆發作，住進醫院，痛苦加上打擊，臨死前把女兒交給市長，就過世了。

市長火速前往黑店救人，只見可憐的小女孩一個人在森林間取水。

馬德廉市長付上極高的代價把珂賽特贖回、帶走，前往巴黎。因著警長賈維（Javert）不斷地追捕，他只好帶著珂賽特躲進巴黎修道院，一住十年。

小女孩長大了，正逢巴黎大革命，她愛上了革命男孩馬留斯（Marius），後來革命成功，兩人歡喜結婚，馬德廉市長也就是尚萬強，壽終正寢，帶著永恆的盼望離世。

文字活跳跳！

天涯海角找到你

發生了嚴重的船難事件，全軍覆沒，唯有一個少年人叫以實瑪利（Ishmael）倖存，回來通風報信。

我先介紹三個人，第一位是亞哈（Ahab）船長。他本身就是一則傳奇，他的臉上有一道刀疤，深沉嚴肅、殺氣十足！他不良於行，因為他的一隻腳是義肢。他有仇必報，他人生的座右銘就是：「不要輕看我，就是連太陽如果得罪我，我都要痛扁他一頓！」他就是這樣的一個人！

第二位是奎奎克（Queequeg），他皮膚黝黑，身上都是黑色的方塊圖。

第三位是以實瑪利，他是唯一活著回來的。

原來事情是這樣，亞哈船長的人生目標就是要殺死那隻惡名昭彰的大白鯨復仇，他矢志要讓牠的黑血湧出。這天，他把所有船員集合起來，說：「你們大家給我聽好，我手裡這金幣是西班牙黃金打造的，你們都給我睜大眼，誰看見那隻白鯨，馬上叫出來，這個金幣就是他的。看到了嗎？有沒有看到？趕快說。」

他一心一意就是要殺死大白鯨。

在途中他們經過了好多的事情，過程中奎奎克生病，快要死掉了，船長甚至為他預備了棺材，後來他又康復了。

航行途中，他們遇見了許多船隻，互相交換了資訊，都提到那隻白鯨。知道牠是陰險聰明、殘暴瘋狂的一隻大白鯨，大家都聞風喪膽，但亞哈船長誓言天涯海角一定要找到牠。

其中一艘船的船長跟他見面的時候，兩個人是「鏘！鏘！鏘！」地見面，那個船長的右手是義肢，而亞哈船長的左腳是義肢，兩個人的義肢都是用鯨魚骨打造的，都是受害者，那位船長勸告亞哈說：「你不要去，你放棄吧！」

但是亞哈船長就是堅持，他說：「天涯海角，我一定要找到牠！」

大船繼續前進！就是要去找牠！

終於有一天，有人看到那個小白點了，亞哈大叫，就在那時，亞哈整個人顫抖，心跳加速，好像整個甲板都震動了起來！

亞哈命令：「大家全速前進，前去殺敵！」

如此奮戰了三天三夜，大副好幾次勸船長說：「不妥不妥，不要再追牠了！我們都會賠進去的！」

亞哈就是不聽！「不，繼續殺敵！」

命令就是命令，大夥兒繼續廝殺，到了最後，亞哈船長用魚叉插進大白鯨的身軀，他滿意地大笑的時候，那魚叉後面的絲線繞住他的身體，和大白鯨一起直落海底！

當白鯨瘋狂抵抗之時，大船小艇全部撒落，亂七八糟，所有的人都落水而死，只有他——以實瑪利，他抓到了一個浮木，就是那個原本為奎奎克打造的棺材，他躺進去，漂浮了一天一夜，一艘經過的大船救了他，於是他回到岸上，告訴大家這可怕的消息！

這是著名經典小說《白鯨記》（*Moby-Dick*），作者梅爾維爾（Herman Melville，1819-1891），小說發表於一八五一年。

這是一個嚴肅的課題，在我們心裡是不是有個黑洞，裡面藏著深深的怨恨？鬆開吧！寬恕吧！這樣我們才得以自由！

文字活跳跳！

快樂王子與小燕子

　　快樂王子無憂無慮，白天有人在花園裡陪他玩耍，晚上開 party。直到他死後，人們把他立在城市的最高點，他成了一個雕像，全身鋪滿了金箔，兩隻眼睛是藍寶石，還有一柄配劍，其上有一顆紅寶石，那是一座非常漂亮的雕像。

　　有一隻小燕子飛呀飛，經過了快樂王子的雕像，牠原本預備到埃及去過冬，但跟同伴走失了，於是打算今天就在這裡過夜。天黑了，牠就在這個雕像下面準備睡覺，忽然之間，牠發覺有水滴落下，牠心想：「怎麼可能？又沒有下雨。」抬頭一看，看見快樂王子在流淚。牠就問起來。

快樂王子回答說：「我站在城市的最高點，我看到了城市的全貌，我看到了許多人活在困難中，我心裡很痛苦，於是我就哭了起來！」

　　「小燕子，你可以幫我一個忙嗎？因為我站在這裡，我不能動，我看到遠方有一位媽媽，正在做衣服，她的孩子發燒了，她卻沒有錢幫孩子找醫生，這個孩子就要死了！你幫我跑腿，你拿我的紅寶石去送給他們，讓他們可以變賣，換成金錢、食物，救救這個孩子！」

　　小燕子說：「好吧，我就幫你這個忙。」於是牠費了好大的工夫把寶石給推了出來，然後飛到那個貧困的家，送上這個貴重的禮物。

　　第二天，王子還是不開心，他說：「燕子，燕子，你可以再幫我一個忙嗎？有一個年輕人，他正在努力地寫作，他是一個劇作家，可是他好冷，又沒有食物可吃。來，你把我的眼睛裡的藍寶石取出來，卿去送給他，讓他可以換食物，好嗎？」

　　燕子照辦，把藍寶石送給那個年輕人，年輕人原來趴在桌上，醒來一看，好驚喜，說：「哦，這一定是上帝送給我的禮物！我可以去買食物，可以繼續寫作了！」

第三天，王子對小燕子說：「你先別急著走，求求你最後一次幫我，你看遠方有一個小女孩，她賣的火柴全部撒在水裡了，她這樣空手回去，一定會被爸爸打個半死。你幫我把我的藍寶石眼睛拿出來，飛過去送給她，讓她變賣，就不會被打了。」

　　可是，小燕子說：「王子，那你就失明了！」

　　「沒關係，你幫我這個忙，幫我把藍寶石取出來！」

　　小燕子飛呀飛過去送給了小女孩，小女孩又驚又喜，知道自己不會空手回家。

　　快樂王子兩隻眼睛都看不到了。小燕子就說：「王子，你現在什麼都看不見了。這樣吧！我來當你的眼睛，我到城裡四處看看。」

　　小燕子看到好多人又可憐又貧困，王子知道了，就要燕子把他身上的金箔一片一片拿下來，去送給那些貧困的人們，小燕子猶豫了，但還是按照王子的心意去做，牠取下那一片又一片的金箔，送給那些貧窮的人們。

王子的雕像原來是閃閃發光的，現在變得非常醜陋。

小燕子把所有的金箔都灑給了大家。牠累壞了，回到王子的腳邊，說：「我再也沒有力氣飛到南方去。我現在最想做的事情，就是永遠陪在你身邊。」

牠親吻了王子，然後，靜靜地在王子的腳邊，死去了。

次日早晨，市長巡視，看到了這個雕像，他嚇壞了，說：「怎麼會有一座這麼醜陋的雕像站在我的城市裡，拿走！拿走！換上我的雕像，把這雕像送去焚化爐，把它燒了。」

於是，快樂王子的雕像被送進了焚化爐，但是燒不透的是他那顆鉛做的心。而那隻死鳥的屍體落在一旁，也沒人注意。

遠方，在天上，上帝說：「天使們，你們去把這城裡最寶貴的東西帶來給我。」於是天使們將鳥兒的屍體和王子的心帶來給上帝。

上帝說：「對，這就是城裡最寶貴的東西，它們代表的是高貴的愛心。他們永遠會在我的花園裡，鳥兒不停地歌唱，而快樂王子也會得到真正的快樂。」

這是英國劇作家王爾德的作品〈快樂王子〉（*The Happy Prince*）。原來快樂王子最快樂的事就是去幫助需要的人們，即或付上最大的代價，也在所不惜。

文字活跳跳！

這是我人生最快樂的一件事

那是最好的時代，也是最壞的時代；
那是充滿智慧的時代，也是最愚蠢的時代；
那是信仰的時代，也是懷疑的時代；
那是光明的季節，也是黑暗的季節；
那是希望的春天，也是絕望的冬天。

這是非常著名的一段引言，出自《雙城記》（*A Tale of Two Cities*）。雙城指的就是當時的巴黎與倫敦。

先來介紹兩位帥哥：一位達尼（Darnay），是貴族，另一位是卡頓（Carton），他是一位律師，他們兩人都同時愛上了美麗的露西（Lucie）。那麼我們讓時空先回到十八世紀的法國大革命，那時候法國腥風血雨、風聲鶴唳，貴族殘害百姓、行搶民女與草菅人命，引起人民的憤怒與不滿。後來王室崩盤，法國國王路易十六上了斷頭臺。

相較之下，大家羨慕的是隔海的英國，那裡平靜得多。法國老醫生曼內特（Manette）被貴族陷害入獄十八年，出來之後，被女兒接到英國倫敦居住，幾年後他們認識了兩位帥哥，就是達尼和卡頓。

很快的，這兩個人同時都愛上露西，而她比較喜歡達尼，達尼是一位法國貴族，他不齒他的家族強壓平民、橫徵暴斂，所以自我斷絕了與他們的關係，一個人來到倫敦自力更生。

後來達尼提出了求婚，露西的爸爸也答應了，於是他們結婚，可以想見卡頓心都碎了，但是他仍然維持紳士風度，不時來探望達尼與露西一家。

消息傳來，達尼的老僕人被捕了，達尼有情有義，立刻趕回巴黎，但是一入境，也被逮捕，露西的爸爸隨後就到，想要營救但是能力有限，就這麼達尼被關了一年多，才被放出來。

隔了幾天，又被抓進去了，這次更加恐怖，他被判處死刑，而關鍵證據就是老醫生在監獄裡的血書，上面控告陷害他的貴族，不巧就是達尼的叔父。

達尼這下慘了，他脫不了關係，因此只能面對明天的死刑。

怎麼辦？這天晚上，神祕人物進入監獄，買通獄卒，他弄昏達尼，託人將他扛了出去，自己則留在囚房裡。

此時，事先安排的神祕車輛帶著老醫生和露西，接了昏迷中的達尼，火速離開暴亂的巴黎，前往倫敦。

卡頓留了一張紙條給露西，上面寫著：「妳不用擔心，這是我人生最快樂的一件事了！」

這是英國大文豪狄更斯（Charles John Huffam Dickens，1812-1870）鉅作《雙城記》，他以法國大革命為背景寫成這部長篇歷史小說，情節感人肺腑，是世界文學經典名著。全書闡述了基督耶穌捨己救人的愛，非常令人感動。卡頓利用自己與達尼相像的特點，用自己的生命換取達尼的幸福，除非他心中有一份超越的愛，否則誰能做到呢？

聖經上說：「人為朋友捨命，人的愛心沒有比這個大的。」（約翰福音十五章 13 節）

文字活跳跳！

卡頓利用自己與達尼相像的特點，
用自己的生命換取達尼的幸福，
除非他心中有一份超越的愛，否則誰能做到呢？

上帝知道真情，但不急於揭示！

蕭先生是個英俊的小夥子，他是個商人，不定時要出差。

這天，他又要出遠門了，妻子叫他不要去，說昨晚做了惡夢，有不好的預感。但他就是不信邪。於是他出門了，途中遇見一個朋友。天黑，兩人找個旅店住宿，兩人喝些飲料，各自回房睡覺。

第二天一早，蕭先生就出發了，途中，他忽然被警察攔了下來，盤問了一大堆問題，並且搜身，拉開行李，猛見一把刀，上頭還有血，蕭先生整個人跪了下去，全身發抖，他發誓：「絕不是我，我不知情。」但是他驚惶的模樣就像是個殺人犯。

他被逮捕入獄，開庭審理，確定服刑二十六年。

他的妻兒都來看他，幾句話之後，妻子問：「你告訴我，人究竟是不是你殺的？」這話一出，蕭先生完全投降了，他知道連自己的妻子都不相信自己，那麼他是完全沒救了。他決定從此專心向上帝禱告，不再上訴，因為沒有人會相信他的。

監獄難熬的日子當中，他天天向上帝禱告，常常讀聖經〈使徒行傳〉，這是他最喜歡的聖經經卷。他變得蒼老，整個人彎腰駝背，但是因為他的品行高尚，大家都尊稱他為「老爹」或「聖人」。

這一天，一批新囚犯進來了，大家聊天，其中有一人叫「謝苗」，總是看著老蕭，歪著嘴笑，說：「太巧了！這也太巧了！」

老蕭懷疑起他來。

有一天，老蕭意外發現一個地洞，而謝苗正從下面探出頭來，看見老蕭，警告他不准告發，不然要他好看。老蕭說：「我看上帝的旨意。」

不久，警衛巡邏囚犯房間時，見到這個地洞，立刻召集所有人質問，問到老蕭，老蕭說：「上帝要我講，我就講；上帝不讓我講，我就不能講。」

謝苗整個人嚇壞了。

那個夜裡，謝苗來到老蕭床前跪下，說：「饒恕我吧！人是我殺的，我把刀放在你的行李裡，本來想殺了你，外頭有聲音，就栽贓給你。原諒我，你竟然不舉發我。我是個壞蛋，我是個罪人！」老蕭回想過去，都是這個人，毀了他的人生，家也沒了，妻兒不知道還在不在，怎能原諒他？

謝苗不斷叩頭：「赦免我吧！我罪該萬死！」

這時，老蕭心裡有大光照進來，他對謝苗說：「其實我比你更壞，在上帝面前，我們都是罪人。」

話一說出，他心頭千斤重擔落下，立刻感到前所未有的輕鬆釋放。後來謝苗認罪，被判重刑。而過了幾天，老蕭也過世了。

上帝知道真情，但不急於揭示，一切的真相，上帝都知道，一切的公義都在祂那裡。有時，我們真的氣不過，為什麼上帝不立刻幫我們伸冤，讓我們白白受苦？

但是全能全知的上帝掌管一切，當沒有答案時，祂要我們信任祂，祂有答案。這是俄國大文豪托爾斯泰

（Leo Tolstoy，1828-1910）的短篇作品〈上帝知道真情，但不急於揭示〉。

「饒恕」是我們生命中非常艱難的課題，奇妙的是，當老蕭饒恕謝苗的剎那，立時重擔也放下，原來放過對方的同時，也放過了自己。

文字活跳跳！

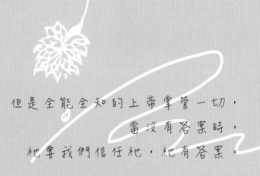

但是全能全知的上帝掌管一切，

當沒有答案時，

祂要我們信任祂，祂有答案。

別學阿劉

　　從前有一位主人，他家財萬貫，對他的僕人們非常地仁慈善良，可以說是主僕相愛、和樂融融。

　　但魔鬼看著就眼紅了，牠可不喜歡看到人們相愛，牠想盡辦法從中破壞。牠先是進入一個僕人名叫阿劉的心中，這阿劉，他是負責牧羊的，魔鬼唆使他不信任主人，總是挑剔敵對，成天想著如何離間主人與僕人們的關係。

　　有一天，工作之餘，休息時間，阿劉和僕人們聊天，就說：

　　「哎，大家聽著，我覺得啊，主人對我們這麼好，也是應該的，因為我們認真工作嘛！哪天我們如果刺激到他，他一定會發脾氣罵我們，不信我們來試試看，我敢打賭！」

第二天，主人剛好邀請一批賓客來到家裡參觀，酒足飯飽之後，主人領著貴賓們走到羊圈，想要讓大家看看他的無價之寶，那是一隻公羊。那隻公羊遠近馳名，大家都知道這位主人最引以為傲的，就是他的寶貝羊了！

那隻公羊的羊角碩大無比，姿態威武，在群羊當中，顯得那麼高貴！難怪主人特別愛牠！

羊群跑來跑去，賓客們根本看不清楚，主人就說了：

「阿劉啊！來幫個忙，進去輕輕按住牠，讓我的賓客們欣賞欣賞！」

阿劉下一個動作就如獅子一般衝進去，抓住那隻公羊，把牠高高舉起，然後重重地往地上一摔！

那隻公羊立刻哀哀叫！旁邊的賓客、僕人們立刻鴉雀無聲，每個人都嚇壞了！不知道接下來會發生甚麼事？整個場面太尷尬、太可怕了！

魔鬼在對面的樹上坐著，牠興高采烈地預備看好戲，至於阿劉的主人呢，他會有甚麼反應呢？

只見他往天上一看，臉上先是憤怒，臉部肌肉有些猙獰，後來則漸漸地緩和了，接著竟露出微微的笑容！

主人說：「阿劉啊！阿劉！我不生氣，你的主人要我發怒，但是我的主人比你的主人更屬害，我不生氣，也不懲罰你！並且我把你向來最想要的『自由』這個禮物送給你！你現在可以回家去了！」

說完，主人繼續氣定神閒地帶著賓客們參觀他的家園，他像甚麼事也沒發生過一般那麼淡定而愉快，至於魔鬼，則從對面的樹上摔了下來，臉都綠了！

這是俄國大文豪托爾斯泰一八八五年所寫的短篇故事〈以善勝惡〉。人間有許多事情令我們扼腕生氣，惡勢力太過分了，我們被欺負、被霸凌，卻投訴無門，也沒有人為我們主持公義。

但是，故事中這位主人卻可以在抬頭望天的時候，彷彿看見了上帝的慈愛寬容，因此他決定以善勝惡，以寬恕代替報復，以仁慈代替凶暴。他放過了阿劉，甚至無條件地給了他自由！這種瞬間的轉變絕非修養可得，也絕不是好脾氣就可以辦到的，這乃是因為他曾經體驗了更高級的愛，才有可能！

別學阿劉！更重要的是，讓我們以善勝惡！

文字活跳跳！

人靠什麼而活著

　　賽門是一個窮鞋匠，今天晚上他奉妻子之命去買外套，途中經過教堂旁邊，看到一個年輕人，赤裸地躺在地上，他拔腿就跑，想可能是搶劫！可就在此時，心裡有聲音對他說：「賽門，你太糟糕了！你一點憐憫之心都沒有嗎？回去看看他！」

　　說也奇怪，賽門一見這年輕人，他立刻就喜歡他了！賽門把他扶起來，給他披上外套，穿上舊靴子，扶他回家。回到家裡，妻子瑪莎非常生氣，差點要把他們趕出家門，他說：「哎呀，你先不要生氣，聽我說完。你看那年輕人多可憐啊！又飢又餓，全身又光光的，你有點愛心吧！」

　　說也奇怪，她看著這年輕人坐在那兒，覺得他很特別，也立刻就喜歡他了，就預備了晚餐，熱騰騰地給他

吃，也給丈夫吃。這個年輕人對她笑了一笑，說：「我叫麥可。」其他，他一概都不說。

賽門和瑪莎接納麥可住在家裡，從那天開始，他們家裡不愁吃不愁穿，因為麥可一手好手藝，所做的鞋子大家都喜歡，遠近馳名

一年之後，有一位大富翁上門來說：「老闆，這是最好的皮子，你幫我做一雙靴子，我可是要至少穿上一年的哦，後天我就來取，動作快啊！」

這時候麥可看著大富翁的背後，好像看見了甚麼，他笑了一下，就接下了這個工作。

第二天賽門看到麥可正在做鞋，說：「哎，小子，這不是要做靴子嗎？你怎麼做成拖鞋啊？」話沒說完，就聽到叩門聲，大富翁的僕人來了，說：「老爺過世了，可不可以幫他做一雙拖鞋？」

麥可站起來，把拖鞋交給了僕人，賽門全身發抖，想著：「天哪，他怎麼有這種先見之明啊？」

不久，有位太太帶著兩個小女孩來了，說：「老闆，幫我的雙胞胎女兒做漂亮皮鞋吧！」

這時候賽門注意到有一個女孩是跛腳的，問了原因，這位太太就說：「雙胞胎的爸爸在她們生出來前一個禮拜，被大樹壓死了，她們的媽媽生產後也死了，我住在他們隔壁，我的孩子生出來也死了。我就收養了這兩個女兒，現在她們都六歲了！我把她們當成自己的孩子呢！」

　　這時候麥可又笑了，他說：「我現在知道人靠什麼活著了。」

　　賽門一頭霧水問起這個故事，麥可就說：「你看到我的那時候，我是被上帝懲罰來到世上，上帝要我去弄清楚三件事：

　　第一件，人心裡有甚麼？

　　第二件，人不知道甚麼？

　　第三件，人靠什麼而活著？

　　我為什麼被懲罰？因為當時我的任務是帶雙胞胎媽媽的靈魂回天堂，但是她剛生產，她求我讓她留下，好親自扶養雙胞胎長大，說她們無父無母，怎麼長大？誰來照顧她們？」

「我一時心軟，沒能達成使命，我回到上帝那裡，上帝就懲罰我說：『你去弄清楚三個答案，然後才能回到我這裡。』

　　一陣風吹過，我的翅膀掉了，我就落在路邊，後來你收留我。

　　現在我已經知道這三個答案了，第一，人心中有愛。第二，人不知道自己要甚麼，就像那個大富翁，他根本不知道自己的未來。第三個，人靠什麼而活著？上帝親自為雙胞胎預備了母親。人靠什麼而活著？人靠著上帝而活著。上帝會預備一切。」

　　這個時候，屋頂開了，天上有光照下來，麥可變成一位天使，飛了上去，他說：「謝謝你，賽門，謝謝妳，瑪莎，謝謝你們，我已經知道了這三個寶貴的答案，現在我必須離開你們了。」

　　〈人靠什麼而活著〉是俄國大文豪托爾斯泰非常著名的寓言小說。我們靠什麼而活著？上帝既是我們的天父，祂知道我們的需要，我們只管安心，快快樂樂地活著。

文字活跳跳！

上帝要我去弄清楚三件事：
第一件，人心裡有甚麼？
第二件，人不知道甚麼？
第三件，人靠什麼而活著？

哪裡有愛，哪裡就有上帝

從前有一個人，他的名字叫馬丁（Martin），他是個鞋匠，住在這個鎮上，他的家在一個地下室裡，他唯一的一扇窗，可以看到人們來來往往。

幾乎鎮民所有的鞋子他都修過，所以他從鞋子就可以知道是誰經過。他的妻子過世了，留下一個兒子，跟他相依為命，但是兒子十幾歲的時候生了一場大病，也走了。

馬丁非常痛苦，他埋怨上帝說：「上帝啊，祢為什麼把我唯一的指望給帶走了？那我活在世界上，還有什麼意義呢？」從此他就不去教會了。

有一天他的好朋友從遠方來看他，就說：「哎，馬丁啊，你不能這樣下去，你要開心起來！」

馬丁說：「我怎麼開心得起來呢？」

於是他的朋友就告訴他一個祕密，要馬丁試試看。

原來朋友鼓勵馬丁讀聖經，馬丁就照做，而且讀著讀著，覺得津津有味，甚至是愛不釋手了。他覺得自己讀聖經之後，心情都不一樣了，輕鬆又愉快，他覺得他的人生有價值有意義了，好像有一個太陽照亮了他。

有一天，他讀到一段經文，寫著耶穌有一天到法利賽人西門家裡作客，西門不用水給耶穌洗腳。照當地的風俗，主人需要預備水給客人洗腳，但是只有一個女人流著眼淚，用頭髮去擦耶穌的腳。

馬丁看了覺得很生氣，他想著：「這個人怎麼可以這樣對待耶穌呢？如果耶穌來我家，我一定會好好招待祂。」他這麼想著想著，就睡著了。

似睡非睡之間，他彷彿聽到一個聲音對他說：「馬丁！明天你注意看街上，我會來找你。」

然後他就驚醒了，馬丁不確定這是他的幻覺，還是夢境。

他繼續做著他的工作，想著想著，有時看著街上那些人走來走去，忽然間，他看到了一個老人，縮在角落裡全身發抖，他就開門請他進來。

「來來來，請進請進，我有熱茶給你喝，我看你全身冷得不行！」

這個老人謝了馬丁，喝了熱茶，全身舒暢，就滿足地離開了。

馬丁繼續做他的工作，過了好一會兒，他又看到一個太太，抱著一個嬰兒，那孩子一直哭、一直哭。

馬丁說：「來來來，請進請進，有飯有菜有湯，妳什麼都可以吃，坐下來慢慢吃！」

這太太就狼吞虎嚥吃了一大碗，感覺好飽足，小嬰兒也不哭了。

馬丁繼續做他的工作，做著做著，外面一陣騷動，「發生什麼事了？」他開門一看，看見一個老太太扭住一個小孩，說他偷她的蘋果，當場抓住，要扭送警察局。馬丁就說：「來，我們都安靜安靜！來來來，孩子，你不對，要說對不起，把蘋果還給老奶奶。」

「老奶奶，對不起，我錯了，我再也不敢了！」

「老奶奶，就放過他這一次，到我這裡來，喝點茶，吃點點心，消消氣，好不好？」馬丁央求著。

於是馬丁招待老奶奶，坐下吃點心，老奶奶也不生氣了。

　　馬丁覺得很高興，老奶奶高興地離開了。他坐下來繼續他的工作，他想著：「這一天好充實喔！」

　　後來，他打開他的新約聖經，一看，整個人嚇了一跳，上面寫的是：「我餓了，你們給我吃，渴了，你們給我喝。……這些事你們既做在我這弟兄中一個最小的身上，就是做在我身上了。」

　　馬丁豁然開朗，他今天招待了主耶穌。主耶穌已經來過了，他覺得他也盡心招待了。他上床睡覺的時候，是帶著微笑的。他好高興他招待了耶穌。

　　這個故事就是俄國大文豪托爾斯泰的著名短篇小說〈哪裡有愛，哪裡就有上帝〉。

文字活跳跳！

馬丁豁然開朗，他今天招待了主耶穌。
主耶穌已經來過了，他覺得他也盡心招待了。
他上床睡覺的時候，是帶著微笑的。
他好高興他招待了耶穌。

國家圖書館出版品預行編目（CIP）資料

人生這麼快樂，會不會太過分？／黃友玲著.
--初版. -- 臺北市：一粒麥子出版社，2024.01
面；公分
ISBN 978-626-7055-68-7（平裝）
1.人生哲學 2.生活指導

191.9   112020966

人生這麼快樂，會不會太過分？

作者	黃友玲
繪圖	董心
發行人	黃友玲
編輯	洪懿諄 柯涵曦
版型設計與排版	Rachel Wai
封面設計	郭秀佩

出版發行	一粒麥子出版社
地址	臺北市文山區景中街36號
電話	(02)2931-9436
傳真	(02)8931-1459
電子信箱	mail@ctfhc.org

經銷	白象文化事業有限公司
地址	臺中市東區和平街228巷44號
電話	(04)2220-8589

出版日期	2024年1月 初版1刷
ISBN	978-626-7055-68-7